겨울 산딸기

겨울 산딸기

양재봉 수필집

수필과비평사

| 작가의 말 |

빈 수레

글을 쓰고 싶어 몹시 목말랐다. 마음은 설렜지만 앞으로 길이 놓이지 않아 허덕대는데, 선배님께서 다가와 손을 내밀어 주셨다. 이끄는 대로 따랐다.

글쓰기 기본에서부터 깊이 있는 가르침을 주셨다. K 선생님과도 인연을 맺어 주셨다. 아슴아슴했던 글이 선생님께서 이끌어 주시는 대로 오다 보니 결국 예까지 오게 되었다.

배울수록 왜 더 그윽한가, 어려운가. 이 어려움이 빈 수레라는 불명예를 넘어서는 것이라면 좋겠는데….

덜컹거리는 빈 수레 속에서 골라 낸 글이라서 부끄럽다. 더 정진하다 보면 언젠가는 나의 빈 수레 속도 온통 알곡으로 채워질 날이 오겠지. 빚진 것, 그때 갚으리라.

나는 바쁘게 살지만 참 행복하다. K 선생님, 선배님, 아내와 아이들에게까지 많은 도움을 받는다. 글을 쓰는 시간만은 내가 나를 온전히 소유하는 시간이다.

엊그제, 웬 기척이더니 소리 들린다. 먼빛으로 봄이 오고 있다.

2017년 7월

양재봉

차례

2부_ 찐빵 도둑

3부_ 지키지 못한 인연

4부_ 늙은 경운기

5부_ 기다리는 이별

6부_ 갈증

1부

영혼 살인마

영혼 살인마

어둠이 내리는 한길을 달렸다. YWCA 방과 후 아카데미에서 살가운 아이들을 만나기 위함이다. 서예, 기초한자, 친환경 관련으로 일주일에 두 번 이 길을 달리는데 기다려지는 시간이다. 결손가정 아이들이 대부분인 이 학교는 여성가족부에서 지원하는 학교다.

"선생님, 오늘 새로 온 여자아이가 있어요. 얼마 전에 성폭행을 당해서 심리치료를 받는 중이라고 합니다."

담당 선생님은 그 외에도 아이를 대할 때 참고가 될 사건 이야기를 일러 주었다. 듣기만 해도 분노가 치밀어 올라 가슴속을 마른 솜뭉치로 막아 놓은 듯 숨이 막힌다.

문을 열고 교실로 들어갔다. 의식하지 않으려고 하는데도 나도 모르게 낯선 얼굴을 찾고 있었다. 나와 눈이 마주치자 낯선 아이는 급히 시선을 피한다. 두 시간 동안 서예 활동을 하면서 그 아이와 어색한 시간이 그렇게 흘러갔다.

5학년인 Y는 밝은 얼굴로 친구들과 어울렸다. 하지만 즐겁게 놀다가도 남자 어른을 보면 하던 동작을 멈추고 불안해한다. 어린 마음을 후벼낸 그놈이 어떤 형벌을 받을지 궁금하다. 아이의 혼을 앗아간 그런 놈은 사형을 시켜야 한다며 마음속으로 울분을 토했다.

불편한 시선과 부자연스러운 시간이 흘러갔다. 붓을 잡은 손이 어쩌다 내 손과 스칠 때면 흠칫 놀라고, 검사를 받고자 화선지를 내밀 때 가늘게 떨리던 손. 수업 시간은 모든 신경이 그 아이에게 쏠렸다. 내가 할 수 있는 일은 없었다. 그냥 모르는 척 자연스럽게 대하는 것밖에는…….

자주 담임 선생님에게 나에 대한 Y의 기분을 물어보게 했다. 유일한 남자 선생인 나로 해서 그 아이가 불안해하면 안 되기 때문이다. 그 아이가 싫다면 강의를 그만둘 각오까지 했다. 다행히 괜찮다는 대답을 들으며 계속 아이들과 함께했다. 그렇게 두 달이 지났다.

전시 작품 활동이 끝나던 날, 쉬어갈 겸 특별한 붓글씨 쓰기 시간을 만들었다. 화선지 한 장씩을 나눠주고, 옛날 상소문처럼 편지를 쓰라고 했다. 누군가에게 하고 싶은 말, 부탁하는 말, 친구가 되자는 편지도 좋고, 대통령에게 상소문을 써도 좋다며 자유 주제를 주었다.

아이들은 작은 붓으로 두루마리 편지를 쓰느라 숨소리만 들려왔다. 옆 아이가 볼세라 작은 손으로 막아 가며 쓴다. 내가 지나가면 몸으로 가리며 부끄러운 웃음을 보냈다. Y도 뭔가를 열심히 쓰고 있었지만 가능한 그 아이 옆은 의식적으로 피해 다녔다. 쓰기가 끝났다.

신문지를 이용하여 두루마리 포장 방법을 알려 주고 겉에 수신인 이름을 쓰게 했다. 돈벌이로 부산에 가신 아빠에게, 안 계시지만 보고 싶은 엄마에게, 하늘나라로 가신 할머니께, 갖가지 수신자를 보면서 쓰린 가슴을 달랬다. 여기 있는 친구에게 쓴 사람은 지금 전달해도 좋다 했더니 주고받으며 짓는 수줍은 미소가 참 순진하다. 한두 개 정도는 내게 올 편지도 기대했건만 한 장도 없다. 결손 가정의 아이들인 만큼 더 소중하게 생각되는 사람이 많을 거라며 서운함을 달랬다. 뜻있는 시간을 보내고 아이들도 나도 귀가 준비로 분주했다.

수업 일지를 교무실에 갖다 두고 들어왔더니, 아이들은 귀가 버스를 타려고 다퉈 나갔는지 교실이 텅 비어 있었다. 가방에 편지 하나가 꽂혀 있다. 어느 귀여운 녀석이 내게도 썼구나 하며 마음이 들떠 펼쳐 보았다. 뜻밖이다. 그 아이의 편지였다.

"신생님, 고맙습니나. 남임 선생님께 들었어요. 좋은 선생님이고 훌륭하신 분이니 안심해도 된다고요. 그런데 마음대로 안 돼서 저도 속상해요. 저 때문에 많이 걱정해 주시는 것도 다 알아요. 친구들은 선생님께 다가가서 안기고 간질이며 장난하는데, 저도 그러고 싶어요. 앞으로는 저도 친구들처럼 그렇게 할 거예요. 이번 토요일은 바다에 조개 잡으러 갈 거죠? 재미있을 것 같아요. 토요일이 기다려집니다. 선생님, 예쁜 글씨 가르쳐 주셔서 고맙습니다."

언제 들어왔는지 담임 선생님이 어깨너머로 훔쳐보며 미소를 짓고 있었다. 그리고 선생님 덕분에 저도 감동 편지 한 장 받았습니다 하며 자랑한다. 내 것을 읽었으니 선생님 것도 보여 달라 하자 안 된다며 황급히 교실을 나가 버린다.

다행이다. 앞으로는 그 아이를 너무 의식하지 않아도 될 것 같다. 하지만 그 어린 가슴에 남은 상처가 언제 아물지 걱정이다.

Y는 2년의 세월이 흐르고 졸업했다. 그 아이는 더 이상 보이지 않는 곳으로 떠나갔다. 아동성범죄 사건이 보도될 때마다 떠오르는 얼굴이다. 많이 가까워져 손을 잡는 사이는 되었지만 다른 아이들처럼 먼저 안기며 장난을 걸어 온 적이 없었다. 늘 뒷전에서 멈칫거리다가 뒤돌아서는 모습을 보아야 했다. 곧 교복을 입는 중학생이 되겠지. 아픈 기억을 훌훌 털어 버리고 활기찬 여학생이 되기를 빌어 본다.

아동 성범죄가 점점 늘어나고 있다. 특히 7세 이하 아동 성범죄가 급증하고 있다 하고, 남자아이를 성추행하는 성범죄도 전체의 10%를 넘어서고 있다. 성폭력 천국이라는 오명까지 듣는데도, 강한 처벌이 이루어지지 않는 것에 화가 난다.

그들의 범죄는 어린 영혼을 죽이는 살인행위라고 생각한다.

(2007)

선생

"김대중이가 왜 선생이지?"

할아버님 질문에 종친회 사무실에 있던 사람들이 일손을 멈추고 굳은 얼굴로 바라본다. 한 대 칠 것 같은 기세다. 급히 끼어들었다.

"제주도에서는 광주사건을 잘 모릅니다. 그리고 정치를 잘 모르시는 분이라 당연한 궁금증이니 이해 바랍니다."

종친들이 굳은 얼굴을 풀고 다시 족보를 살핀다. 여전히 김대중 씨에 대한 칭송과 존경의 뜻을 담은 대화가 이어졌다. 할아버지만 이해하기 어려운 듯 내 눈치를 살핀다. 전남대학교 교수인 동포 종친

이 다가오더니 할아버지께 말씀드린다.

"종친 어르신, 광주에서 그렇게 말했다가는 맞아 죽습니다. 많은 사람이 죽었고, 지금도 그 억울한 마음은 전쟁이라도 하고픈 심정이랍니다. 제주도 4·3사건 때 억울하게 죽은 사람들과 같다고 생각하시면 이해가 될 겁니다. 정권을 바꿔야 그 한이 풀릴 거라는 기대로 더 의지하는 거죠."

광주항쟁이 일어난 지 9년이 흐른 어느 날, 광주행 비행기에 올랐다. 제주 입도 족보를 정리하기 위한 일이었지만, 광주항쟁의 경위도 궁금하여 알아보고 싶었다.

족보를 정리하기 위해서 한문학을 많이 하신 일가 할아버지를 모시고 갔다. 나이 많으신 분들은 대부분 전 박정희 대통령을 그리워하듯 할아버지도 그랬다. 반대로 야당 당수인 김대중 씨를 나라 발전의 걸림돌로 생각했다. 비행기에서 나누던 이야기도 광주 시민의 무리한 대항으로 많은 인명 피해가 발생했다는 주장이다.

광주비행장으로 마중 나온 종친의 차는 한적한 광주시로 들어갔다. 지나는 길목마다 광주항쟁 때 많은 사람이 희생되었던 곳이라며 설명해 준다. 광주는 다른 도시와는 다르게 건물도 높지 않고 사람도 그렇게 북적대지 않아 보였다. 행복한 모습이나 웃는 모습은 찾아볼 수 없고, 곳곳에 현수막이나 플래카드가 항의와 투쟁이란 글을 담아 나부끼고 있었다.

17사단 공수특전단 일원으로 광주 진압에 참여했다는 앞집 형의 이야기를 떠올리니 섬뜩함 때문일까, 선입견 때문일까. 광주가 TV에서 보았던 평양 거리와 흡사하다는 생각도 들었다.

식당이나 역이나 가는 곳마다 '김대중 선생'이란 포스터와 '투쟁'이란 단어가 난무했다. 나 또한 할아버지처럼 '선생'이란 단어가 거슬렸다.

지금 이곳에서 사용되는 선생이란 의미가 맞는 것인가, 민족을 이끈 큰스승을 뜻하는 선생님 표현이 적합한가, 김대중 씨가 국민에게 가르침으로 큰 영향을 줬다기보다는 정치인일 뿐이라는 내 생각이 그른 것일까.

선생님이란 단어에 대해 생각해 본다. 사전적 의미를 떠나 따져본다면 그 뜻이 이러하지 않을까.

나에게 가르침을 주시고, 앞길을 인도해 준 분을 선생님이라 하여 존경하고 따른다. 하지만 내가 존경하고 따르는 분이기에 관련 없는 너도 선생님이라 칭하고 존경하고 따라야 한다는 것은 틀리다.

나이와 시대를 넘어 모두에게 귀감이 되고 가르침을 준 분을 우리는 큰스승님이란 뜻을 담아 '선생'의 칭호를 사용해 왔다. 그 선생의 의미에는 절대다수가 우러르고 따라야 한다. 나의 선생님과 민족의 선생님이란 뜻을 구분하고 싶은 내 논리가 억지일까.

친구와 삼촌이 당구장을 운영했다. 벗들이나 동창생을 만날 때면 다방보다는 당구장을 선호했다. 찻값이 절약되었고, 기다림이 무료

하지 않아서 좋았다.

당구장에는 일 없는 젊은 한량들이 많았다. 비하하는 속어로 그들을 죽돌이라 했다. 선거 때가 되면 그들은 운동원이 되었고, 대부분 김대중 씨의 선거원으로 뛰었다. 그들은 김대중 후보를 선생님이라 칭하며 몰려다녔다. 선생님이란 소리를 빼고 호칭하면 화를 낼 정도였다.

김대중 씨와 김영삼 씨가 갈라서면서 둘 다 출마했다. 민주화를 갈망한다던 두 김 씨는 표를 쪼개 낙선했다. 대권에 눈먼 소인들이란 생각밖에 안 들었다. 더욱 나에게 김대중 씨는 선생이 아니고 정치인의 한 사람으로 남았다.

1979년 10 · 26사태에 이은 12 · 12, 1980년 5 · 18을 생각하면 개인적 욕심을 버려야 하지 않았을까.

1969년 9월 14일 7대 대통령 선거, 열두 살이었지만 기억이 생생하다. 아버지가 김대중 씨 선거원이었고 조천리 총책임자였다. 집으로 많은 사람이 드나들고 매일 막걸리 통이 들어왔다. 김대중 씨가 진정으로 이 나라를 위해 일할 대통령감이라며 열을 올리는 아버지의 소리를 들으면서 자랐다.

1987년 12월 16일에는 제13대 대통령 선거가 있었다. 통일주체국민회의 대의원 간선제에서 직선제로 바뀐 것이다. 대통령을 뽑는 투표를 서른이 되어야 처음 해보게 되었다.

아버지와의 인연을 뒤로하고 나는 김대중 씨를 외면했다. 선생이 아니라는 생각과 한량들의 억압적인 선거운동에 거부감을 느꼈기 때문이다.

나 같은 사람들이 적지 않았을지 모른다.

(1989)

잃어버린 마을

널따란 홍포 앞에 섰다. 큰 붓을 든 손이 가벼이 떨렸다. 정신을 집중하여 써 내려갔다.

'토지본향명신지령土地本鄕明神地靈' 긴 장대에 걸린 깃발이 나부낀다. 그 깃발을 앞세우고 한라문화제 민속예술경연대회 출전을 위한 연습이 한창이다. 조천읍사무소 뒷마당에는 하루도 거르지 않고 징과 장구 소리로 요란하다.

조천읍사무소에서 깃발 휘호를 부탁한다는 연락이 왔다. 낙선동에 관련된 것이라 하기에 알고 쓰자는 생각으로 조사차 신당을 찾아 나섰다. 4·3의 아픔을 혹독히 겪었던 선흘리는 잃어버린 마을이라 할 만큼 많은 동네가 훼손된 곳이다.

낙선동에는 4·3때 생명을 지키기 위하여 쌓은 성이 있다. 남자들이 떠나면서, 죽음의 그림자가 시시각각 엄습해 오는 마을이 되어버렸다. 힘 있는 남자들이 산속으로 숨자, 노약자와 아낙은 무서움에 떨면서도 숨어있는 사람들에게 몰래 먹을거리를 날랐다.

토벌대와 폭도들 등살에서 살아남아야 한다. 노인과 부녀자, 아이들도 목숨을 부지할 방법을 찾았다. 성을 쌓기 시작했다. 어린아이 고사리손까지 돌을 날랐다. 성이 완성되자, 그 성에서 집단 거주가 시작되었다.

주변 여기저기에 크고 작은 자연마을이 많았다. 장상동, 새동네, 실물가름, 물냉이동산, 돗바령, 동카름에서 사람들이 몰려왔다. 부녀자가 보초를 서고, 토벌대와 지서의 감시와 보호를 받으며 생명을 이어갔다.

동백동산 숲 속으로 숨은 남자들은 도틀굴(반못굴)과 목시물굴에 숨어서 살았다. 음습한 굴속에서 가족을 그리워하며 모진 목숨을 지탱했다.

도틀굴이 토벌군에 발각되었다. 수류탄과 기관단총 앞에 저항도 못 해보고 초토화되고 말았다. 25명 중 18명이 총살되고 혹독한 고문에 의해 150여 명이 숨어 지내던 목시물굴의 존재도 발각되고 말았다. 100여 명이 총살당하고, 수많은 시체 처리는 기름을 부어 태워 버렸다.

4·3은 끝이 났지만 이미 젊은이들이 사라져 버린 동네는 재건되지 못한 채 유허遺墟로 남아 있다. 남편이 없는 집, 아들의 그림자도 없는 텅 빈 집에 돌아가고 싶지 않았을 것이다. 죽어 간 무수한 생명의 목소리가 무서웠을 가족들은 그렇게 마을을 버렸다. 깨어진 사금파리처럼 사라진 마을엔 원혼들의 목소리가 아직도 들리는 듯했다.

총칼과 연기에 질식하여 죽어 간 혼을 위로하고 사실을 알고자 하는 조사가 이루어질수록 가슴은 더 아플 뿐이다. 이미 무고한 양민의 죽음은 백일하에 드러난 것이 사실이다. 세월이 먹어 버린 아픔을 어쩌란 말인가.

'돗바령' 이정표에 적힌 지경 이름을 읽는다. 이름이 특이하여 지나칠 때마다 고개를 꺄웃거렸었다. 몰랐을 때와 알고 난 다음 읽는 느낌은 희비로 극명한 차이를 느끼게 한다.

당시 잃어버린 마을은 제주도 곳곳에 산재해 있다. 그 많은 아픔들을 쌓아놓고 사는 우리 앞에 아직도 풀지 못하는 논쟁들만 무성하다.

깃발 속에 그런 아픈 의미를 넣어 바라본다. 힘차게 선창하던 읍부녀회장이 소리를 멈추고 나를 소개했다. 홍포의 휘호와 여러 가지 행사에 필요한 글을 써 준 분이라는 말에 걸궁팀 50여 명이 장구를 두드리며 환호한다.

앞으로 나아가 허리 깊숙이 숙여 답례했다. 뜻있는 민속 보존과 죽어간 4 · 3의 원혼을 달래는 데, 조금이나마 한몫을 했다는 기쁨에 전율이 온몸을 휘감았다.

연습하는 모습을 구경하며 의문을 갖는다. '부녀회 회원들은 낙선동의 아픔을 알고 있을까, 잃어버린 마을과 죽어 간 많은 4 · 3의 희생자들에 대한 경건함으로 임하고 있는 걸까.'

아무려면 어떤가. 모르거나 잊는 것도 좋으리라. 그 큰 아픈 역사와 원혼을 어찌 달랠 수 있단 말인가. 그냥, 저 깃발 아래서 이승의 우리와 저승의 혼들이 어화둥둥 춤이나 추며 제발 울지 말았으면 좋겠다.

잃어버린 마을로 다시 가고 싶지 않았던 사람들 마음처럼. 과거는 다 지우고서.

조껍데기술

관광 명소를 지나가고 있었다. 옛 전통문화를 계승하고 보전한다는 취지에서 지정된 마을이라서 그런지 초가지붕과 돌담이 조화롭다. 점심때 지나가는 위치라서 토속음식을 파는 식당들이 즐비하다. 관광객도 많고 수학여행을 온 학생들도 무리 지어 지나간다.

여행객 호객을 위한 현수막이 식당 앞에서 펄럭이고 있다. 그 앞에는 화상을 쉽게 한 중년 여인이 외치고 있었다. 관광객이 앞을 지나가자 더 큰 소리로 손님을 잡는다.

"좃껍데기술 ᄒᆞᆫ잔ᄒᆞ영 갑서. 좃껍데기술이우다."[1]

깜짝 놀라 저속한 말을 거리낌 없이 외치는 여인을 바라보았다. 지나가던 중년 남자도 눈을 동그랗게 뜨고 현수막을 읽는다. 그 모습을 본 여인은 득의만면 나긋나긋한 어조로 더욱 호객에 열을 올린다. 일행인 듯한 중년 남자가 내막을 알고 있다는 듯이 진한 농담을 걸어준다.

"남자 거시기 껍질로 만든 술인감요?"

여인은 자지러지는 듯 허리를 굽히며 가식으로 웃고는 팔을 붙잡더니 한잔하고 가라며 교태를 부린다. 남자들은 식당 안으로 사라졌다. 다시 '좃껍데기술' 홍보를 위한 외침이 유난스레 크게 울린다. 듣기가 좋지 않아서 다가서며 말을 걸었다.

"조껍데기술 재료가 뭐지요?"

"좃껍데기요. 호호호……. 좁쌀 껍질로 만든 술입니다요."

"정말 조 껍질로 만들었나요? 직접 만드셨어요? 곡물 껍질로는 술이 안 만들어지는데 맞아요? 술을 빚으려면 고두밥을 지어야 하는데 정말 껍질로 지으셨어요?"

급한 일도 없는데 다급하게 연이어 질문했다.

"……."

대답을 못한다.

---

1) 조 껍데기로 만든 막걸리 한잔하시고 가세요. 조 껍질로 만든 술입니다.

"사기 치지 마세요. 예쁘고 정갈한 말 다 놔두고 그렇게 낮은말과 글로 호객을 해야만 장사가 됩니까? 거짓말까지 해 가며 저속한 말을 억지로 잘도 만들었네요."

새침한 얼굴로 바라보며 여인은 식당 안으로 피하듯 들어가 버렸다.

"세종대왕님이 지하에서 한글 만든 걸 후회하시겠다. 제주도가 국제적인 관광지로 거듭나긴 글렀어." 일행에게 남아 있는 화풀이를 했다. 지나치는 식당마다 '조껍데기술' 광고가 역겹다.

육지에서 온 고등학교 수학여행단이 지나가며 손가락으로 현수막을 가리킨다. "좃껍데기, 좃껍데기." 하며 여인들의 말을 따라하다 키득거리며 재미에 빠져 있다. 가뜩이나 스마트폰 문자 열기로 우리글이 비속어에 빠져 허덕이는데, 자라는 아이들이 수학여행에서 배울 점이 이런 것인가 생각하니 아름다운 우리글과 아이들 앞날이 걱정되었다.

확실하지는 않지만, 좁쌀막걸리를 일러 '조깐술'이라는 말이 문헌에 나온다고는 한다. 조 껍데기를 벗겨낸 좁쌀로 만든 술이란 뜻이라고 한다. 그러나 조 껍데기로 빚은 술은 있을 수가 없다. 말초신경을 자극하여 호객하려는 저속한 상술에서 만들었을 뿐이다.

술은 탄수화물을 당화시키고 발효 과정을 거쳐야 하므로 곡물이 아니고서는 술이 될 수 없다. 제주의 토속 술은 오메기술이다. 좁쌀을 분쇄한 후 익반죽하고 떡을 빚은 다음 삶아서 누룩을 첨가하여 발효시켜 만든다. 한 사발만 마셔도 배고픔을 모른다고 할 만큼 실하고 영양가도 높다. 힘든 농사일을 이겨내려고 마셨던 제주의 전통주다. 맛이 깊어 조정에서 온 관리들도 귀히 여겨 마셨고 한양으로 올라갈 때면 챙겨갈 정도였다고 한다. 오메기술이나 좁쌀막걸리란 좋은 말은 간데없고 좃 껍데기 술로 변해 버린 현실이 안타깝다.

심지어는 버젓이 '조껍데기술'이란 명칭을 적어 넣은 막걸리가 팔리고 있었다. 그런 상표를 사용하는 회사도, 허용한 사람도 '한번만 더 생각했더라면.' 하는 아쉬움이 남는다. 알 만한 분이나 한글과 우리말을 사랑하는 분들은 이러한 점을 이미 우려하고 있을 것이다.

일행 중의 지인이 운영하는 식당으로 들어갔다. 특별한 손님이 왔다며 내어온 양은 주전자에는 오메기술이 들어 있었다. 한 사발 마셨더니 빠르게 취기가 올라온다. 이렇게 전통 방식으로 만들어 팔면 남는 게 없다는 주인의 말을 듣는다. 취하여 기분이 좋아진 것일까, 과민반응으로 무안을 주었던 여인에게 미안하다. 그들도 먹고 살기 위하여 힘겨울 터인데.

내가 던진 말 한마디가 상대방에게 비수가 되기도 한다. 조심해야 할 일이다. 잘못 사용하는 말과 글이 나라와 내 고향이나 조상님을 욕되게 하고 나의 격을 떨어뜨린다면 더욱 삼가야 한다. 특히 따라하며 배울 청소년을 생각하면 어른들의 잘못된 결정은 큰 사회적 문제가 되고 기성세대로서 부끄러운 일이 아니겠는가. 수필을 쓰든, 시나 소설을 쓰든, 부끄럽지 않은 선에서 저속한 표현이 사용되길 바란다.

아내가 만든 막걸리를 냉장고에서 꺼냈다. 한 사발 마셨더니 어젯밤 내린 눈처럼 시원스레 속을 풀어 준다. '좆껍데기술'이란 저속어로 막혔던 응어리가 한물 내려갔다.

효자의 눈물

소독약 냄새가 코를 찌른다. 선홍색 핏자국이 선명한 하얀 옷이 고통스러워하는 것 같은 착각에 빠지게 한다. 나를 치료하던 간호사도 위급한 환자에게로 달려갔다. 119에 실려 온 교통사고 환자는 신음을 내며 괴로워하고 있었다. 열흘 전 나 또한 비슷한 환자였기에 지켜보며 안쓰러운 마음으로 아프지 말라고 응원한다.

분주하게 오가는 의료진을 바라보며 눈물을 떨어뜨리는 30대 젊은이가 서 있었다. 얼굴도 손등도 타박상이 심했다. 지나가던 간호사가 치료를 받아야 하지 않느냐는 물음에 괜찮다며 손사래 친다. 얼굴이 근심으로 가득하다. 사고를 낸 가해자임을 누가 봐도 알 수 있을 것 같았다.

응급 치료가 끝났는지 간호사가 들어왔다. 친숙해진 간호사는 묻지도 않았는데 알려 준다. 눈길에 차가 미끄러져 교통사고를 당한 환자였다. 아들이 운전하였고 뒷좌석에 탔던 아버지가 많이 다쳤단다. 그런데 운전을 했던 아들도 다친 것 같은데, 한사코 치료를 거부한다는 것이다.

작은 병원이라서 남자용 다인실이 하나뿐이었다. 독실은 빈자리가 없었기에 바로 내 옆 침상으로 환자가 옮겨졌다. 부상이 심하여 큰 병원에서 치료 받았으면 좋겠는데 나 또한 병실이 없어서 종합 병원에서 이곳으로 옮겨진 교통사고 환자이니 사정이 엇비슷할 것이다.

힘들어하는 환자의 신음이 깊은 밤이 되어도 계속 이어졌다. 지켜보는 아들의 괴로움은 더 안쓰럽다. 아버지가 알세라 몰래 팔과 다리, 허리를 주무르기도 하고 소리 없이 두드리며 힘들어 했다. 잠들었다가 깨어보면 아들은 목석처럼 서서 아버지를 바라보며 눈물을 흘리고 있었다.

날이 밝았다. 환자가 처치실로 들어간 사이에 아들에게 음료수를 권했다. 사양하기에 다가가 뚜껑을 열고 건넸다. 한입에 털어넣듯이 마신 아들이 마음을 여는 것인지 사고 경위를 이야기한다. 아버지 말씀을 듣지 않고 괜찮겠지, 하며 미끄러운 '진드르' 눈길을 달렸다고 한다. 속도를 늦추라는 말만 들었어도 아버지가 덜 다쳤을 거라며 자책한다. 무릎 쪽에 인대가 모두 살려서 여기서는 수술도 안 된다고 했다. 서울에 있는 큰 병원을 알아보는 중이라며 울먹였다.

젊은이도 다친 곳이 있는 것 같다는 말에 여기저기 결리고 아프다며 쓴 미소를 짓는다. 그래도 검진은 받아 보라고 권했다.

"아버지가 저리 아파하시는데 어찌 제가 치료를 받겠습니까? 죄인인데…." 말끝을 흐리며 다리가 아픈지 쓸어내린다. 아버지께 미안하거든 다른 병원 가서 검진만이라도 받고 오면 어떻겠냐고 다시 권했다. 그래야 치료가 꼭 필요한 경우 자동차보험을 적용 받아 치료할 수 있지 않겠느냐며 타일렀다. 아들이 아픈데도 치료 받지 않아 병을 키우면 그도 아버지께 불효하는 거라고 말해 주었다. 잠시 망설이다 다녀올 테니 아버지가 오시면 말씀 잘 드려 달라며 병실을 나갔다. 효자다. 착한 효자라는 생각이 들어 흐뭇했다. 검진에서 아무 일 없기를 빌었다.

그날 젊은이는 밤이 되어도 나타나지 않았다. 혼미 속에 자다 깸을 반복하던 그 아버지가 아들을 찾는다. 머뭇거리다 집에 잠시 다녀온다고 하며 나갔다고 하자 힘든 몸을 일으켜서 전화를 건다. 여러 차례 시도해도 받지 않는지 다른 가족에게 전화를 거는 눈치다.

가족이 몰려왔다. 젊은이의 행방을 찾으며, 이틀 후 서울 갈 이야기로 부산스럽다. 며느리라는 사람을 병실 밖으로 불러내어 남편이 다른 병원에 검진 받으러 갔다고 말해 주었다. 근심스럽던 얼굴이 편안해지는 것으로 보인다. 남편이 다쳤다는 것을 알고도 걱정만 했을 착한 아내의 마음도 읽을 수 있었다.

마침 환자가 둘이나 나가 버린 병실이 텅 빈 느낌이다. 밤이 깊어 갔지만 돌아오지 않는 아들 때문에 잠도 오지 않았다. 창밖에는 함박눈이 하염없이 내리고 있었다. 가로등 빛에 반사되며 소리 없이 내리는 함박눈이 오늘은 왠지 청승맞다. 기다림으로 바라보는 함박눈이라서 더 시린가.

살며시 병실 문이 열렸다. 그다. 기다리던 그가 돌아왔다. 반가워서 활짝 웃어 주었다. 진통제 힘을 빌려 잠이 든 아버지를 보고 나서 내게로 다가왔다.

"죄송합니다. 그리고 고맙습니다. 갈비뼈에 금이 보인다는 검사 결과를 받고 치료 받았습니다. 상처 치료도 받고 영양제를 맞는데 그만 깜박 잠이 들어 버렸습니다. 간호사가 깨워 일어나 보니 다섯 시가 넘어 있어 나선 김에 집에도 다녀왔습니다. 아버지가 다행히 서울 모 병원에 수술 일정이 잡혀서 한시름 놓았습니다."

지난밤 잠을 못 잤기에 그렇게 잠이 들었음을 알고 내 마음이 찡하게 울린다. 내가 권해서 병원을 갔었다는 말에 집사람이 고마워하더라며 가져온 음식을 권한다. 무리하면 안 되기 때문에 사촌형이 아버지를 모시고 동행하기로 했다며 밝게 미소를 짓는다. 다행이다. 추위를 느끼던 가슴이 훈훈해진다.

아버지가 고른 숨소리를 내며 잠이 들었지만 자주 바라본다. 잠이 충분치 않았겠지만 효심으로 날려 버리는 아들과 내일 낮잠을 잘 수 있는 내가 밤이 새노록 세상 사는 이야기를 풀어놓았다.

시리던 함박눈이 포근하게 보인다. (2011)

늙은 소와 할아버지

텃밭에 풀이 무성하다. 가을비를 머금고 기세 좋게 자라고 있다. 무거운 것을 무리하게 들었다가 팔을 못 쓴 지 여러 날이 되었다. '저 녀석들을 갈아엎어야 속이 후련할 텐데.' 바라보기만 할 뿐 어쩔 도리가 없다.

언제 나을지 썩 좋아지지 않는 팔을 걷고 나섰다. 경운기에 시동을 걸었다. 탈탈거리는 경운기와 덜덜거리는 내 팔이 닮은꼴이다. 핸들을 놓치기도 했지만 덜 아픈 왼팔에 힘을 주며 안간힘을 썼다.

아내가 농주 한 사발을 들고 조팝나무 그늘로 가며 손짓한다. 가을

볕이 아직은 힘이 남아 있음인지 이마에서 땀이 흘러내렸다. 시원한 그늘에서 막걸리 한 사발을 들이켜자 유난히 막걸리를 좋아하시던 옆집 할아버지가 떠올랐다.

스무 살 시절부터 동네 일과 단체 일, 궂은일에 앞장서 지냈다. 동네 어른들은 그런 내게 칭찬하며 믿음을 보냈고, 나도 은연중 열심히 봉사하며 살자고 스스로 다짐했다.

옆집 할아버지가 감기로 여러 날을 자리에 누우셨다. 반상회에서 할머니가 보리 파종 시기를 물으며 근심에 싸였다. 콩을 수확하고 그 뒷그루에 보리를 파종해야 하는데 적기가 지나가고 있어서다.

할아버지는 국유지를 임대한 땅에 작은 초가집을 짓고 할머니와 둘이 살고 계셨다. 재산이라곤 늙은 암소 한 마리가 전부였다. 뿔도 하나뿐인 누렁이는 나잇값을 하는 것인지 무척 순했다. 밭갈이가 힘이 부치지만 순한 암소가 할아버지를 힘들지 않게 잘 거들어 준다며 자랑하는 말을 자주 들었다. 늙은 소와 할아버지가 그렇게 정이 들어 있어 팔지도 못한다고 했다. 가끔 남의 밭갈이를 해주고 작은 밭 하나에 콩과 보리를 경작하며 간신히 입에 풀칠을 해오는 터다.

어른의 사정을 잘 알고 있었기에 도와드리고 싶었다. 소로 밭갈이를 해본 적이 없었지만 할아버지를 찾아갔다. 큰 눈을 더욱 휘둥그레 뜨더니 고마워하신다. 늦어 가는 보리 파종을 위하여 작업복으로 갈아입은 우리는 출발했다. 내 등에 짊어진 쟁기가 제법 묵직하다. 할

아버지는 소에게 점심을 지우고 천천히 따라오셨다. 늙은 소와 할아버지가 잘 어울리는 한 쌍이라며 가끔 뒤를 돌아보았다.

소의 등에 멍에를 걸고 쟁기를 채워 밭갈이를 시작했다. 코뚜레에 이어진 양쪽 고삐를 번갈아 당기고 풀어 가며 소가 나아갈 길을 가늠하다 조금이라도 늑장을 부리면 줄을 휘둘러 때렸다. 때리면 힘차게 끌었고 보습에 파이면서 까만 흙이 보기 좋게 일어났다. 길들여진 늙은 소라서 그런지 젊은 힘을 가진 나에게는 처음 하는 밭갈이지만 어렵지 않았다.

하루 밭갈이 분량을 너끈히 하면서도 일찍 끝냈다는 칭찬을 받고 싶었다. 서둘러 소에게 채찍질을 하며 다섯째 이랑을 가고 있었다. 팽나무 그늘에서 물끄러미 바라보던 할아버지가 다가오셨다. 손잡이를 달라 하더니 한 이랑을 만들며 팽나무를 향해 가셨다. 다그침도 없이 혀만 끌끌 차시며 소를 몰고 간다.

시원한 나무 그늘로 가서 소 어깨에 걸친 멍에를 내리고 쟁기에서 소를 물리더니 풀을 먹이신다. 양동이에 부어 물을 부어 주는 것도 잊지 않으셨다. 땀으로 흥건해진 소는 코에서 더운 입김을 뿜어내며 떨리는 울음소리를 냈다. '겨우 시작을 했을 뿐인데, 벌써 쉬면 언제 밭을 다 갈지?' 하는 생각을 하면서도 뭔가 잘못되었음을 직감으로 느꼈다.

잠시 쉬라며 막걸리 한 사발을 들이켜시더니 묵직하고 조용한 어조로 말씀하셨다.

"운동회 때 죽자고 달리기를 해보았지? 계속 그렇게 달린다면 어떻게 될까? 내가 힘이 넘친다고 어린아이에게 나처럼 달리라고 강요하면 어린아이는 어떻게 될까? 젊은 소도 그렇게 다그치면 죽고 말 거야. 더군다나 이 소는 늙은 소인데 아마 한두 시간도 못 버틸 것이다."

얼굴이 확 달아올랐다. 늙은 소를 바라보며 미안하다고 마음속으로 용서를 빌었다. 배우지 못해 편지 겉봉도 못 읽는 할아버지에게서 뜻밖에 소중한 삶의 지혜와 순리를 배웠다.

할아버지가 보여 주셨던 방법으로 천천히 밭을 갈았다. 풀이 있는 곳을 지나갈 때면 풀을 먹고 갈 수 있게 팽팽하게 잡아당겼던 줄을 잠시 놓아 주기도 했다. 할아버지가 바라보며 미소를 띠고 있다.

점심때가 되었다. 밥을 먹다가 문득 소를 힘들게 했던 내 행동이 떠올랐다. 사과한다는 뜻으로 내 몫의 밥을 반 덜어내어 소에게 내밀었다. 맛있게 먹는 소를 바라보니 친구 같은 기분이 든다. 손바닥에 밥알을 남김없이 핥아먹으며 고맙다고 하는 것 같았다. 처음에는 보이지 않았던 모습도 보인다. 힘든 일로 커다란 눈에서 흘러내린 눈물 자국이 애처로워 보였다. 소와는 난생 첫 교감인 셈이다.

어두워질 무렵이 되어서야 집으로 돌아왔다. 많은 것을 배우고 소하고 마음을 나눌 수 있었던 하루가 흐뭇하다. 씻고 저녁상을 물렸을 때 할머니가 찾아오셨다. 고맙다며 웃으시는 할머니 얼굴에도 근심이 말끔히 걷혀 있다.

꼬깃꼬깃 구겨진 몇 장의 지폐가 서로 밀고 밀리며 이웃 간의 정을 더하고 있다.

가난한 판잣집 피해자

가난은 애늙은이를 만들었다. 열일곱에 오직 가난으로 찌든 삶을 해결하겠다는 생각으로 부산 연락선에 몸을 실었다. 어둠이 깔려 가는 부두, 멀어져 가는 고향. 가슴속에 외로움이 밀려왔지만, 꼭 성공해서 다시 돌아오겠다는 각오로 주먹을 불끈 쥐었다.

부산에서 생소한 특수 철물 점원 생활이 시작됐다. 일반 철물과는 달리 가구점에 납품되는 철물의 규모는 크고 방대했다. 철물만 아니라 칠감, 접착제, 장식품 등 관리해야 할 품목이 수천 가지다.

아침 다섯 시에 눈을 뜨면 가게 문을 열고 청소를 했다. 아침밥을 먹고 나면 출근하는 동료들과 하루가 시작된다. 그렇게 부산에서의 색다른 삶이 시작되었다.

차츰 일에 능숙해지고 암기력이 좋은 건지 선배 형들보다도 빠르게 일을 익혀 나갔다. 3개월 만에 3,000종류가 넘는 물건의 이름과 가격, 지방에서 쓰는 이름까지 대부분 알게 되었다. 3년 먼저 입사한 선배도 거꾸로 내게 물품 이름과 가격을 물어오곤 했다.

사장님이 고향 마을 대선배란 인연이 더하여 어린 나이에 형들을 지휘하는 세도(?)를 잡았다. 전국에 있는 거래처에 물건을 부치거나, 부산 시내 거래처 배달일지를 작성하면 형들은 일지를 보며 처리했다.

주변 가게 사장님들이 스카우트해 가야겠다고 농담을 할 만큼 인정받으며 1년이 흘렀다. 물건 정리도 나만의 비밀 방법으로 정리하며 직원들이 물건을 몰래 빼돌리는 것도 잡아냈다. 내게 미움을 받으면 그런 잘못으로 쫓겨나는 신세가 되었다. 자연히 형들 위에 군림하게 되었고 사장님도 가게 물려줄 후계자, 또는 지점 내어 키울 인재라며 아껴 주는 바람에 동료 형들은 홀대를 받았다.

어느 날 산꼭대기에 있는 가구 공장에서 수금하고 내려오는 길이었다. 언제나 그러하듯 올라갈 때는 자전거를 끌고 올라가고 내려올 때는 신나게 내려오다가 큰길이 마주하는 교차로 앞에서 브레이크를 잡아야 한다. 위험하지만 전율을 느끼게 하는 활강이다.

횡단보도 바로 전에서 급브레이크를 잡았다. 그러나 브레이크가 조금 밀려 파란불이 켜지자마자 급히 횡단보도를 건너려던 아주머니를 치고 말았다. 자전거 쇠붙이가 할퀸 다리에서는 붉은 피가 흘러내리고 겁먹은 나는 어쩔 줄 몰라 당황하기만 했다. 지나가던 은행원 아가씨가 자신의 옷 일부를 찢어 지혈하고 병원으로 모시고 가라 했다. 가까운 병원에서 치료를 받고 집으로 모셔다 드렸다. 산중턱 허름한 판잣집에서 많은 식구가 함께 살고 있었다.

가게로 연락하자 동료 형이 바로 달려왔다. 걱정하지 말고 집에 가 있으면 해결해서 갈 거라며 위로한다. 너무 고맙고 미안해하며 그 말만 믿고 가게로 돌아왔다.

다음날 경찰서로 연행되어 갔다. 상해죄로 조사를 받는데 무서워서 눈물만 나왔다. 조사가 강압적이다. 횡단보도에서 건너는 사람을 친 것은 대단한 과실이라며 잘못을 부풀려 갔다. 그것도 모자라 동료를 시켜 사고를 은폐하고 도망치게 했다는 죄목까지 더해 조서가 꾸며졌다. 겁먹은 나는 사실이 아닌 것도 아니라고 하지 못하고 있었다. 동료 형도 고개만 숙이고 있을 뿐 겁에 질려 있다.

그렇게 조사가 진행되는 중에 사장님이 조사실로 들어왔다. 10여 명이나 되는 조사반 형사들이 모두 일어서서 깍듯이 인사를 하는 게 아닌가, 누군가와 잠시 이야기를 나누다 가셨다.

그 후 조금 전까지 타이프 치던 것은 모두 쓰레기통으로 들어가고 다시 조서를 꾸미기 시작했다.

"횡단보도 불이 빨간 불이었지? 그렇지? 그랬을 거야……."

"미성년인데도 병원으로 모시고 갔고, 아주 잘했어! 적당히 해결해 주려고 성년인 직원을 회사에서 보내어 합의하려 하였고, 그런데 입원할 만큼 다친 것도 아닌데 무리한 요구를 하여 화가 나서 사장님과 의논하려고 잠시 자리를 떴다. 그리고 주민등록증을 훔쳐갔어? 절도네. 이런 하찮은 일로 고소를 했구먼……."

동료 형은 환한 얼굴로 네, 네, 그럼요! 를 연발하고 형사는 180도 달라진 억양으로 모든 잘못들이 반대로 조서가 꾸며졌다. 그리고는 걱정하지 말고 집으로 가라며 보내 주었다.

얼떨떨한 기분으로 가게로 돌아와 보니 사장님과 동료 형들이 기다리고 있었다. 웃으며 아무 걱정하지 말고 일 열심히 하라는 말로 보아 사고 처리는 내가 관여할 사안이 아니었다. 사장님이 서울 법대 출신이란 것과 친구라며 국회의원도 가끔 찾아오는 것을 알고는 있었지만, 상황이 그렇게 쉬이 바뀔 줄 몰랐다.

후에 들은 이야기로는 사장님이 동료 형에게 적당히 해결하고 오라 지시했고, 동료 형들은 일을 꾸몄다. 술 사 주며 이야기하다가 눈치껏 튀어 버리면 된다며 그렇게 계획되어 있었다.

피해자 남편과 동생은 동료 형이 적당히 구슬리다가 도망쳐 버릴 것을 미리 눈치챘다. 술이 약해 술에 취한 동료 형 주머니에서 슬며시 주민등록증을 빼돌렸다. 그것도 모르고 도망치자 고소해 버렸다. 그럼에도 피해자는 아무런 피해 보상도 없이 사고 당일 병원비만 받고 끝냈다고 한다. 주민등록증을 훔친 것이 큰 약점이 되었던 것 같았다.

양심에 가책을 느끼던 차에 다른 이유도 가해지며 집으로 귀향했다. 평생 내 가슴속에 그 일이 죄의식으로 남아 있다.

치료비를 톡톡히 챙겨 보려던 욕심은 있었겠지만 미안함이 크다. 다리에 세 바늘 꿰맬 정도의 상처이니 큰 피해는 아니었다. 하지만 가진 자로서 그건 아니라는 생각이다.

굳이 '노블레스 오블리주'를 말하지 않아도 없는 사람에게 피해를 주지는 말아야 하지 않는가.

아내가 아기를 가졌다. 태어날 아기에게 떳떳한 아빠의 모습을 보여주고 싶다. 힘 앞에 굴복하는 약한 자의 편에 서서 올바르게 살 것이다.

(1998)

당당한 일본 여인

광복 70돌이다. 반듯하게 접어 놓은 국기를 펴자 깨끗함이 하얗다 못해 성스러운 기운마저 감돈다. 태극기를 걸 때마다 그날의 의미를 되새기곤 했었다. 펄럭이는 태극기를 바라보는 오늘은 '가엽다, 다행이다, 허약하다'의 의미를 부여하며 기쁨보다 걱정과 분노를 조절해 본다.

아베란 놈이 이번에도 우월주의의 당당함일까, 과거 사죄만을 거론한 채 슬쩍 넘어갔나. '먼저 총리가 사죄하였으니 그것으로 됐고.' 하는 심보다.

참 다행이라 생각한다. 대부분의 사람들은 일본 놈들에게 사죄 받기 위해 열을 내고 있다. 왜 그래야 하는가, 용서를 구하지 않으므로 저들은 점점 더 깊은 죄를 짓는 것인데, 그렇게 죄를 지으라고 그냥 두라 하고 싶다. 이런 내 마음이 비틀어진 생각일지 모르나 어릴 때부터 일본 놈들의 만행을 상상 속 오감까지 동원하여 느끼며 지냈다. 기미년 3 · 1운동 때 제주도의 중심지가 되어 미밋동산에서 만세를 불렀던 곳이 우리 마을이다. 항일기념관이 세워지고 3월 1일이면 초등학생 때부터 항일기념행사에 참여했다. 그렇게 학습 받고 자란 나로서는 일본 놈들이 도무지 용서되지 않는다.

작년 이맘때 가족 단위 환경체험단 교육을 의뢰 받았다. 얄궂게 비가 내렸지만, 우의와 우산 속에서 교육은 강행되었다. 교육현장엔 역사 깊은 곳마다 일인들의 만행이 남아 있고, 주변에는 강제노동의 흔적들도 그대로다. 도민의 반을 웃돌던 15만 왜놈 대군이 주둔했던 제주도이니 그 피해가 오죽했겠는가. 역사를 접목한 교육으로 교육생들 모두가 의미심장했다. 요즘은 특히 독도 문제, 위안부 할머니 보상, 아베 일당들이 당당하게 신사참배를 하고 있었기에 항일의 의미를 더욱 주지시키며 교육을 실시했다.

개인적으로도 우월감에 도취하여 전쟁의 정당성을 내세우는 우익들과 야쿠자의 미소를 떠올리면 그들을 향해 좋은 마음으로 바라볼 수가 없었다. 저것도 일본 놈, 이것도 일본 놈, 그놈들이 저지른 만행이라며 나쁜 놈이란 말이 내 입에서 자주 나왔다. 환경교육과 함께 반일 교육이 그렇게 이루어지고 있었다. 40대 여인이 손을 번쩍 들었다.

"저가 그놈입니다. 제주도에서 생활한 지 10년 되었스므니다. 잘못은 인정하는데요. 너무 그놈 저놈 욕하지 말아 주셨으면 하므니다."

40여 명의 한국인들이 지켜보는데도 일본 여인은 당당하게 요구했다. 선조의 잘못이 자신의 책임이 아니라는 듯, 너무 한다는 듯, 항의하는 것이다. 누구도 그 당당함에 질책하지 못했다. 나 또한 교육 강사로서의 본분을 지키기 위하여 한 발 물러설 수밖에 없었다. 특히 피교육자의 반 정도가 청소년이어서 반박하며 싸울 수도 없는 노릇이다.

"세계화 시대에 맞춰 국적을 넘어 친구가 되어야 하고 좋은 것은 본받자. 하지만 우리의 치욕스러운 역사와 제2의 전쟁 도발을 위한 저들의 속셈에 속지는 말아야 한다. 한국인 40명 속 한 사람인 저 일본인처럼 우리도 당당해야 할 곳에서는 당당해지자."라는 말로 교육을 마무리했다.

돌아오면서 화가 났다. 당당한 일본 여인 한 사람에게 40여 명의 조선인이 당했다는 기분을 억누를 수가 없었다. 잘못은 인정하지만 지난 과거이고 조상이 지은 죄를 무릎 꿇고 사죄는 못하겠다는 일본인의 무례함이 아베만이 아니란 사실에 화가 났는지도 모르겠다.

아베의 거만함을 부채질하는 미국도 밉기는 마찬가지다. 앞으로 우리 땅을 지켜 주는 데 필요한 경비는 전액 우리가 부담하든지 아니면 일본으로 주한미군을 옮긴다고 한다. 위험한 전방에서 빠지고 후방에서 지원하겠다고 하는 것은 당연하다. 미국은 동북아의 중요 요충지로서 전략적인 군 배치를 한국에서 일본으로 바꿨다. 한국과의 우방의 관계가 점점 헐거워 가는 느낌이다. 그런 현실을 약삭빠르게 일본 놈들은 이용하고 있다. 미국은 동북아의 패권을 장악하기 위해 일본과의 동맹이 필요하고 일본은 그 점을 교묘히 이용할 것이다. 더욱 독도를 빼앗기 위하여 억지 부릴 것이고 미국은 방관하리란 생각에 이르자 화가 치밀어 오른다.

한반도에 전쟁이 일어나면 미국과 일본은 무기와 군수물자를 대주고 군대를 파견할 것이다. 그리고 한국 전쟁 때보다 더 많은 천문학적인 부를 축적할 것이다. 이익을 위하여 그들은 한반도의 평화를 바라지 않는다. 어쩌면 제2의 한국전쟁을 은근히 바라고 있지는 않을까?

당당한 모습을 보인 일본 여인처럼 애국하는 마음가짐이 절실하다. 당파싸움 그만 거두고 단결된 모습을 보여줌으로써 국민이 하나된 마음을 심어 주길 고대한다.

창밖에서 펄럭이는 태극기가 참 힘차다.

(2016)

몽근 놈

이웃 마을에 오일장이 서는 날이다. 시골이라고는 하지만 우리나라에서 리 단위 중 제일 큰 마을인 함덕리 민속 오일시장을 지나가게 되었다. 올해는 가뭄으로 텃밭 수박 모종이 대부분 말라버렸다. 수박 생각이 나서 한 덩이 살까 하고 들렀다. 이른 시간이라 장사꾼들이 짐을 벌이느라 한창이다. 일찍 좌판을 편 사람도 있었지만 몇 되지 않는다. 처음 사는 사람에게 마수걸이라 하며 덤으로 더 끼워 주는 쏠쏠한 재미도 있기에 한 바퀴 돌아보며 기다렸다.

떠들썩한 소리가 아침 시장을 깨운다. 그런데 싸우는 소리다. 불구경과 싸움 구경은 재미있다고, 나도 어느새 소리 나는 쪽으로 발길을 옮기고 있다.

뇌성마비로 손이 오그라든 젊은 사람이 부러진 플라스틱 솔을 던지며 소리 지른다.

"물어 내, 차를 똑바로 운전해야지, 두 개나 부러졌잖아."

떡장수는 부러진 솔을 물끄러미 바라보기만 하며 벌레 씹은 표정으로 아무 말도 없다. 아마 마수걸이도 안 했는데 돈을 내어 주기는 재수 없을 것 같고, 상대가 장애인이라 무시할 수도 없는가 보다. 계속 물어 달라 떼를 쓰자 버럭 소리를 지른다.

"마수도 않은 아침부터 지랄이야. 이따 물어준다. 줘."

떡장수가 시장으로 들어가다 차 바퀴로 일찍 편 잡화 장수의 물건을 손상시킨 모양이다. 점점 악다구니가 커졌다. 번번이 있는 일일까, 물건 풀어 놓기에 바쁜 상인들은 심드렁하다.

일찍 장 구경 나왔던 할머니가 끼어들었다. "더운데 힘 빼지 말고 어서 장사할 준비나 해." 하며 가로막아 섰다. 할머니를 사이에 두고 말싸움은 계속되었다.

"뭐, 지랄? 내 손은 지랄했지만, 정신은 지랄 안 했어, 씨발."

"뭐라, 씨발? 야! 어린 놈이 건방지게 넌 부모도 없냐? 몽근 놈의 자식 같으니라고."

"그래 죽어서 없다. 어쩔래? 씨발."

분위기가 점점 격해져 가자 말려 볼까 하는데, 옆에서 좌판을 펴던 생선 장수 남자가 끼어들었다. 할머니는 제 할 일 다했다는 듯이 슬그머니 둘 사이에서 벗어났다. 시장에서 장사하는 사람들 말이 거칠다고는 하지만 처음 보는 말싸움이 무서울 지경이다.

장사 준비를 하면서 잡화 장수의 '씨발'과 떡장수의 '몽근 놈의 자식'이란 소리에 육두문자를 얹어 가며 끝없이 오갔다. 욕하는 소리가 너울 치듯 했지만 다가가서 격한 몸싸움으로 번지지는 않았다. 오가는 말로 보아 더한 싸움이 될 성싶었으나 그 나름대로 어떤 한도가 있는 것인지 묘했다.

수박 장수에게 좌판을 다 펴기도 전에 흥정했다. 마수걸이하는 것이라며 반갑게 맞는다. 큰 수박 한 덩이에 만 원, 조금 작은 것은 칠천 원이라는데, 만오천 원에 두 개를 샀다. 마트 가격보다 훨씬 저렴하다.

오징어도 두 마리를 더 보태 아홉 마리를 만 원에 사고, 고등어와 갈치도 만 원씩 주고 샀다. 생선들 값은 싼지 비싼지 모르겠다. 수박이 싸니 다른 것도 덩달아 싸게 보임인지 이것저것 사게 되었다.

집으로 돌아와 아내에게 넘기고 컴퓨터를 켰다. 오늘 시장에서 보았던 싸움을 글로 옮기면서 나의 하루를 다시 시작한다.

'몽근 놈의 자식'의 '몽'은 몽골 놈을 뜻하고 '근'은 성기를 뜻한다. 몽골 놈의 그것(?)으로 생겨난 자식이란 뜻이다. 어릴 적엔 어른들 싸움을 할 때 많이 들어 보았지만, 요즘은 사라진 욕이다. 777년 전

몽골군이 제주를 1세기 동안 지배했다. 항파두리성에서 저항하던 삼별초가 몰살을 당하자 몽골군에 지배되면서 노역과 공물을 바치는 등 많은 희생을 치렀다.

삼별초는 제주도민에게 어떤 부담도 시키지 않았다. 심지어는 중요한 식수인 '구시물'을 밖에 두고 주민들이 물 사용에 불편함이 없도록 성을 축조하기까지 했다. 주민을 위한 최대한의 배려를 했던 삼별초군과는 달리 몽골군은 부녀자 희롱과 강간을 일삼았다. 제주도민에게 그런 몽골군은 미움의 대상이자 원수 같았다. 불가항력으로 성폭행을 당했다 해도 아이를 가지면 경우가 달라지는데 그래도 용서가 되지 않았던 것은 몽골군에 대한 미움이었다. 적잖은 제주 여자가 몽골인과 혼인을 했지만, 그 사이에서 태어난 아이는 놀림감이 되었다.

얼마 전만 해도 제주도에서 최고의 욕이 '몽근 놈의 새끼'였다. 그것만 보아도 몽골군에 대한 증오심이 어느 정도였는지 알 만하다. 암울했던 역사를 떠올리며 서로를 감싸 주고 배려하지 못했던 점을 탓하기 전에 과거를 올바로 인식해야 온당한 일이리라.

오늘 오일장에서 '몽근 놈의 자식'이란 욕은 너무했다는 생각이 든다. 잡화 장수가 무심결에 한 욕설이지 그 말의 어원을 알 턱이 없을 것이다.

오늘 장사가 잘되어 둘 다 기분 좋게 화해했기를 빌어 본다.

(2016)

암행어사

제6공화국의 네 번째 정부, 참여정부가 출범했다. 선거에서 당선된 노무현 대통령과 열린우리당은 국정 운영에 국민의 참여가 핵심 역할을 할 것이라고 한다. 어느 공화국이든 처음엔 여러 가지 사업을 과감하게 시작했듯이 제6공화국도 마찬가지였다.

그중에 옴부즈만ombudsman 제도를 도입하여 교육생을 선발했다. 그 의미에 권한을 더하여 비밀 감찰관 역할까지 할 것이라고 한다. Y 단체의 추천으로 신청서를 냈다.

제주도에서는 현재 활발하게 의정 활동을 하고 있는 K 도의원, J 회계사, K 청년회장과 기자 출신인 H 단체의 사무처장, 나 이렇게 다섯 사람이 최종 선발되었다.

일면식도 없었던 사람들이 공항에서 조우했다. 첫 인사지만 이미 만났을 것 같은 느낌이 드는 사람들이었다. 오랜 교육을 여러 번 받았던 경험으로 모두가 편안한 얼굴이다. 용인에 있는 교육장에 도착했다.

일주일 간 죽음의 교육이 될 것이라며 사무관들이 겁을 준다. 외출 금지는 물론 친인척의 면회도 불가하다고 한다. 폐쇄된 교육장에 갇힌 초라한 생활이 시작되었다.

이번에 양성하는 옴부즈만은 교육을 이수하고, 마지막 날에 시험을 봐서 80점 이상자만 활동이 주어진다고 한다. 초장부터 그렇게 강하게 기를 꺾어 놓는다.

당근도 주어진다. 활동 기간 비행기나 전철이 무료 탑승에 비즈니스석이 제공된다. 잘못된 행정이나 부조리를 중앙에 보고하고, 감시하는 역할은 물론 각종 민원에 대한 올바른 처리를 위하여 수사하고 간섭할 수 있다. 암행어사가 되는 거라며 치켜세운다.

제주도를 대표하여 올라온 사람들은 나를 제외하고는 나름 한몫을 하는 사람들이다. 한두 살 나이가 적은 사람들이어서 교육이 끝날 때까지 큰형님 대우를 깍듯이 받은 것이 그나마 위안이었을까.

교육 시작부터 제주도 팀의 팀워크나 실력은 월등했다. 수업 내용을 이해함도 빠르고 PPT를 활용한 그룹 발표도 타 도시의 대표와는 차이를 보였다. 관리자뿐만 아니라 교육을 받는 모든 사람이 1등은 제주도 팀이라고 인정할 정도였다.

나에게는 교육 내용도 낯설었다. 행정에서 주는 도급 계약의 부조리와 보조금 활용 부조리 방법을 알아 내려면 낯섦을 넘어서야 한다. 동료들은 전문 지식을 가졌거나 기자 활동으로 많이 보아 온 일들이라며 쉽게 수업을 받아들이고 있었다.

밤이면 동료들에게 부조리에 대한 이야기를 들으며 분노했고, 그런 세상이 있다는 것을 하나씩 배워 나갔다. 교육을 받으며 내가 몰랐던 세상이 있음을 알고 한편으로는 놀라웠고, 몰랐던 배움을 소중하게 생각하며 하나하나 채워 나갔다.

부조리 척결을 위하여 옴부즈만을 양성하고 바른 사회를 만들겠다는 대통령의 의지에도 박수를 보냈다. 열심히 배웠다. 그리고 많은 것을 알게 된 일주일이 흘러갔다.

제주도 팀은 모두가 최고 점수로 수료했다. 팀별 활동도 1등하여 많은 사람의 축하 속에 푸짐한 상품을 안고 비행기에 올랐다. 용인 교육장 외에는 아무데도 가 볼 수 없었던 나들이지만 보람 있었다.

올바른 세상을 열게 하는 열쇠가 되고 싶었다. 옴부즈만 다섯 사람이 주축이 되어 부조리 없는 바른 사회 만들기에 앞장섰다. 민간 사회단체의 임원들을 대상으로 하는 교육과 설명회를 주관하며 활동했다.

풀어야 할 과제가 많았다. 구태의연한 사람들이 너무 많은데, 우리의 힘만으로는 역부족임을 실감해야 했다. 이 사회는 부조리에 꽁꽁 묶여 있었고, 부조리한 그룹에 합류하지 않으면 견디기 어려울 만큼 썩어 있었다.

점점 활동이 시들해져 갔다. 제6공화국이 막을 내리며 우리의 활동은 더욱 힘을 잃어 갔다. 나름 자기 생활에 소홀하지 못하여 조금씩 참여도가 낮아만 갔다.

매스컴에는 H 사무처장이 온힘을 다하여 활동하는 모습을 보여주는데, K는 도의원에 당선되어 의정 활동을 시작하느라 바빴다. J 회계사는 개인 회계사무와 함께 대학교수가 되어 강의로 바쁜 생활을 이어 갔다. 나 또한 사업과 환경 강의와 서예 강사로 분주한 나날의 연속이었다.

옴부즈만 교육을 받고 활동했던 효과일까, 부조리한 일들이 쉽게 눈에 띈다. 행정처에 올리는 서류 작성이 바르고 효율적이라며 내가 올린 자료가 기본으로 쓰였다. PPT를 활용한 교육도 앞서나갔다. 얻은 게 그렇게 많았다.

지금도 많은 보조금이 쏟아진다. 복지 기금, 단체 사업 보조금, 문예 진흥기금, 봉사활동 보조금, 국민 성금, 보상금 등 정부가 세금과 국민이 낸 성금 또는 복권 기금, 적십자 기금 등이 곳곳에서 활용되고 있다.

이런 소중한 자금들이 과연 바르게 사용되고 있을까. 지금도 보조금을 받는 사람 중엔 보조금은 눈먼 돈이라 일컫는다. 언젠가는 바르게 사용되지 않은 보조금이 사정의 칼날에 베이는 날이 있을 것이다.

그날이 아니 오더라도 바르게 사는 세상이 아름답지 않을까.

어사 박문수의 '암행어사 출두요.'를 떠올리며 바른 사회가 되길 빌어 본다.

2부

찐빵 도둑

찐빵 도둑

아들은 먹성이 참 좋다. 무엇이든 잘 먹어서 그런지 체격도 크다. 텃밭 농사일에 힘겨울 때면 아들 힘을 떠올린다. 아내도 일이 힘들 때, 아들이 쉬는 일요일에 하자고 하는 것을 보면, 나보다도 아들에게 더 많이 기대나 보다. 어쨌든 무탈하게 성장해 군대 다녀오고, 일거리를 찾아서 용돈 벌이도 하며 대학을 다니는 아들이 여간 대견스럽지 않다.

아들이 다섯 살 되던 해였다. 거래처를 다녀오는 길에 직원들 간식거리로 찐빵을 넉넉히 사 왔다. 아내는 따끈하게 쪄서 내오고 직원들과 맛있게 먹었다.

저녁때가 되자 온 동네를 휘저으며 놀러 다니던 개구쟁이 아들이 헐레벌떡 들어오며 배고프다고 했다. 아내는 저녁 준비가 덜된 때라 남은 찐빵 다섯 개를 작은 냄비에 넣고 찌기 시작했다. 아들은 침을 흘리며 부엌에서 지켜보고, 아내는 어린 딸을 돌보느라 안방에서 시간을 보내다 찐빵이 쪄질 무렵 부엌으로 갔다.

냄비 뚜껑을 열었는데 찐빵이 네 개밖에 없었다고 한다. 엄마 허락도 안 받고, 참을성 없이 채 쪄지기도 전에 먹은 것을 나무랐다. 아들은 한사코 안 먹었다고 우겼다. 찐빵 곁에는 아들밖에 없었으니 빤한 일인데 거짓말하는 것이 괘씸하여 찐빵도 안 주고 벌을 세웠다.

아들이 벌 서고 있는 작은방으로 들어갔다. 거짓말은 나쁜 것이라며 달랬다. 정색해 가며 안 먹었노라고 억지를 부린다. 그럼 찐빵 하나가 어디를 간 것 같으냐고 물었더니, 아마 엄마가 알고 있을 거란다. 아무리 생각해 봐도 엄마밖에 의심되는 사람이 없단다. 분명 찐빵 다섯 개는 자기도 보았고 우리 식구가 네 사람이니 자기는 두 개 먹을 거라며 배고픔도 참고 지켜보았다는 것이다. 다섯 살 아이의 능청이 그에 이른다.

"그럼 엄마가 드셔 두고 그런 말을 하는 것은 아무래도 정신적으로 이상한 일이다. 내일 엄마를 병원에 데리고 가서 뱃속에 찐빵이 있는지 검사를 해봐야 하겠다."고 에둘러 윽박질러댔다. 아들은 두 눈이 커지며 그럼 수술해야 하는 거냐고 한다. 협박이 통하는가 싶어 그럴

지도 모른다며 더 벌쓰라 하고 방을 나왔다.

아내와 나는 아들의 거짓말을 심각하게 받아들이며 저녁도 미룬 채 토론을 이어 갔다. '바르게 자랄 수 있도록 교육을 해야 한다.'는 아내와 '초기에 바로잡아야 한다.'는 나의 의견으로 일단 정리되었다.

한 시간쯤 흐른 뒤 작은방으로 다시 들어갔다. 방구석에 쪼그려 앉아 아직도 두 팔을 번쩍 들고 서 있는 녀석을 보니 한편으론 가엽다. '안 볼 때는 요령껏 손을 내려도 되는데….'

많이 울었나 보다. 얼굴이 눈물로 얼룩져 엉망이다. 그만큼 울었으면 반성했겠구나 생각하는데,

"죄송해요. 제가 먹었어요. 그러니 엄마 수술하지 마세요." 하며 눈물을 왈칵 쏟아낸다. 나는 아들 고집을 꺾은 개선장군마냥 허허 웃으며 아들을 안았다. 품에 안긴 아들 얼굴에서 풍겨오는 눈물 냄새에 체벌이 심했다는 뉘우침이 밀려왔다.

늦은 저녁을 먹이고 찐빵도 하나씩 맛있게 먹었다. 벌쓰느라 지쳤을 아들을 씻기고 잠자리에 들게 했다. 다른 때와는 달리 엄마를 유심히 살피는 모습에서 불안한 눈치가 엿보였지만 지은 죄가 있어서 그러나 보다 했다.

"엄마, 많이 아픈 거 아니지?"라며 물어보고는 돌아누우며 중얼거리는 말, "내가 먹은 거 아닌데…."

나는 아들과 어린 딸의 단잠을 위해 동화책을 읽어 주고, 아내는 빨래며 설거지를 위해 욕실과 부엌을 오가며 분주하다. 아이들은 귀

여운 모습으로 잠이 들었다. '그래, 남자가 고집도 조금은 있어야지.' 라며 조금은 걱정되는 마음을 그렇게 달랬다.

아내가 작은 소리로 부른다. 부엌으로 나갔더니 싱크대 위를 가리킨다. 싱크대 위에는 찐빵 하나가 덩그러니 놓여 있었다. 아내 말인즉 찐빵이 열을 받자 냄비 뚜껑 속에 달라붙어 있었다며 흔적이 뚜렷한 냄비뚜껑 안쪽을 보여 주는 게 아닌가.

벌쓰던 아들 모습이 떠오르며 '아뿔싸, 이를 어쩌면 좋아.' 했지만 이미 엎질러진 물이다. 내외가 잠든 아들 옆에 앉았다. 제 딴에는 엄마가 먹었을 것이라는 확신이 있었다. 엄마가 수술 받게 될까 봐 걱정되어 진짜 거짓말을 했던 다섯 살 아들, 마음 많이 졸였을 것을 생각하니 가슴이 아프다. 아내는 연신 아들 머리를 쓸어내리며 눈물을 훔친다.

아침이 밝았다. 아들에게 찐빵이 냄비 뚜껑에 달라붙었던 원리를 설명했다. 활짝 웃으며 "그럼, 냄비 뚜껑이 찐빵 도둑이네. 아빠, 엄마 병원 안 가도 되는 거지?"

"미안하다. 우리 착한 아들을 찐빵 도둑으로 몰았으니."

"괜찮아요, 됐어요."

다섯 살 아들에게서 심사숙고하며 살라는 인생 한 수 배운 날이다. 그 후 우리 부부는 비슷한 실수로 아들의 잘못을 추궁할 때면 문득 '찐빵 사건'이 떠오르는 바람에 꼬리를 내려야 했다.

역전의 기회를 기다리는데, 어느덧 강산이 두 번이나 변했다.

(2013. 11.)

여의주를 문 구렁이

암탉들이 놀란 울음을 토해 내고 있었다. 우리 집 닭장에는 수탉 두 마리와 암탉 열한 마리가 살고 있다. 때로는 시앗 싸움으로 시끄럽기도 하지만 내가 보기에는 행복한 가정이다.

양계 닭과는 다르게 작지만 앙칼지게 보이는 토종 수탉도 날개를 푸덕거리며 내게 구조 요청을 하듯 울어댄다. 간간이 유기견이나 고양이 또는 족제비에게 당했던 기억이 있어 급히 3층 서실에서 창문 열고 내려다보지만 개나 고양이는 보이지 않았다. 서로 시앗 싸움 아니면 암탉을 차지하기 위한 수탉의 세력 싸움이 났겠구나 생각하며 행복한 녀석들이라는 웃음 섞인 여유로 천천히 계단을 내려가 닭장으로 다가갔다.

모든 닭이 눈알이 튀어나올 것 같은 표정으로 겁을 먹고 있었다. 이리저리 살피다가 나 또한 기겁해야 했다. 알을 낳는 둥우리 속에 커다란 구렁이 한 마리가 똬리를 틀고 있었다. 닭들의 외침을 외면하고 산도를 넓혀 해산하는 암탉처럼 달걀의 크기에 맞춰 입을 찢어지게 벌리느라 안간힘을 쓰고 있다. 어찌할 바를 몰라 바라만 보았다.

구렁이가 입을 좌우로 비틀며 턱 근육을 꿈틀거릴 때마다 아주 조금씩 달걀은 뱀의 아가리로 들어가고 여의주를 머금은 용의 형상이 되어 갔다. 닭들은 내게 연신 구원을 요청한다고 요란하다. 구조 흉내라도 내야 주인 체면이 서겠기에 주위에 있던 기다란 나무 몽둥이를 들고 뱀을 건드려 보았다. 꿈적도 하지 않고 하던 식사에 집중하는 뱀을 보며 이왕 삼키기 시작했으니 어쩌랴, 두고 볼 수밖에. 꽤 오랜 시간이 흐르자 점점 배 쪽으로 달걀을 넘긴 녀석은 똬리를 풀고 무거운 몸을 끌며 천천히 사라졌다. 달걀 하나 상납으로 닭장은 평온을 되찾았다.

내게 사연을 들은 아내는 아예 닭장 근처엔 가지도 못했고, 아이들에게도 금지령을 내렸다. 이것 또한 가장의 무거운 책임인가, 혼자 먹이를 주러 가고 달걀을 가져와야 했다. 닭장 주변을 살피고 또 살핀 후에도 문을 열고 들어가려면 무서움에 떨어야 했다. 도살장으로 끌려가는 가축이 이런 것인가 하는 생각이 들 만큼 닭장에 가는 것이 싫었다. 뱀이 똬리를 틀고 앉아 있었던 둥우리에 손을 넣고 달걀을 집어낼 때는 온몸에 소름이 돋았다. 하루 두 번 먹이를 주고 달걀을 가져오는 일이 스트레스가 되었다.

거의 일정한 간격으로 낳는 달걀의 수를 짐작해 보면 그 후로도 뱀은 가끔 나타나 세금 걷듯이 먹고 가는 것 같았다. 닭이 놀라 소리를 지를 때마다 가슴이 철렁 내려앉으며 징그러운 구렁이가 눈에 밟힌다. 퇴치하기 위해 인터넷 검색도 해보고 친구들에게 조언을 구해 보지만 신통찮은 말로만 들렸다.

뱀으로부터 두려움에서 해방되고 싶었다. 가족 같은 닭들을 위해서라도 용기를 내야 했다. '나는 가장이니까.'라며 용기를 내어 본다. 목이 긴 어부용 장화를 사고 모처럼 집에서 쉬는 일요일, 뱀을 퇴치할 도구를 만들기 시작했다. 땅꾼들이 사용하는 작대기를 흉내 내어 만들고 올가미까지 만들어 뱀이 나타나기를 기다렸다.

며칠 후 닭들이 조금씩 경계하는 소리가 나는가 싶더니 소란스러운 소리를 지르기 시작한다. 닭장으로 달려갔다. 그놈이 나타나 벌써 달걀 하나를 입에 물고 있었다. 급히 장화를 꺼내 신고 만들어 둔 작대기를 오른손에, 올가미는 왼손에 들어 뱀과의 전투를 시작했다. 땅꾼처럼 Y자 작대기로 머리를 누르려고 보니 달걀을 삼키는 중이라 머리가 커서 누를 수가 없다. 지난번처럼 달걀을 삼키기를 기다리기로 했다.

달걀이 머리를 지나가자 작대기를 대고 제압하려 하였으나 삼켰던 달걀을 깨어 토해 내 버리고는 자꾸 빠져나간다. 하필이면 닭들이 모여 있는 곳으로만 도망질을 한다. 닭들은 뱀을 피하느라 날아다니며 울고, 닭장 안은 불시에 아수라장이 되어 버렸다.

당황한 내 얼굴에서 열이 확 달아오른다. 무서움과 뱀을 포획할 자신이 없어 닭장을 나가고 싶었다. 마침 뱀이 구석에서 잠시 동작을 멈추었을 때 마지막 시도라는 생각으로 작대기를 뱀 목 부분에 들이대고 눌렀다. 뱀도 지쳤는지 저항이 크지 않았다. 올가미를 살며시 머리에 넣어 잡아당겼다. 천천히 닭장 밖으로 나와 오백여 미터 떨어진 곳으로 끌고 갔다. 가는 동안 뒤에서 끌려오는 구렁이가 요동을 칠 때면 공격할 것 같은 생각에 두려웠다.

구렁이가 환경 보호 동물로 보호한다는 것을 알고 있었기에 밉지만, 사형 집행은 내 몫이 아니다. 올가미, 작대기와 함께 귀신 붙은 물건 버리듯 버려 두고 집으로 내달렸다. 뒤에서 쫓아올 것 같은 느낌은 지금도 생생하게 남아 있다.

그 후로 구렁이는 그곳에서 새 삶을 살고 있는지 나타나지 않았다. 닭들도 평화를 찾았고 나 또한 조금씩 구렁이 트라우마에서 풀려나고 있다. 하지만 지금도 닭장 안에 들어가려면 주변을 꼼꼼히 살피고 들어가서는 빨리 나오려고 덤벙대기 일쑤다.

'닭들아, 시앗 싸움이나 짝짓기할 때만은 제발 소리 지르지 마라, 마음 약한 주인님 구렁이가 떠올라 자꾸 가슴 콩닥거린다.'

치과 명의

치아가 무척 강했다. 웬만한 뼈는 부러뜨릴 만큼. 아내는 내가 개띠라서 그렇다고 웃는다. 집에서든 모임에서든 물렁뼈는 기본이요, 뼈는 내가 다 차지했다. 치킨을 사다 먹으면 버리는 뼈가 딱 두 개뿐이다. 치아가 안 좋은 사람들에게 부러움을 받으며 살았다.

20여 년 전 제주도에 관광 붐이 한창일 때 특산단지를 설립하고 기념품 생산과 납품을 하는 사업을 시작했다. 아주 재미있었다. 시작부터 흑자로 돈을 벌었으니까. 배달 기사와 거래처를 돌다 보면 저녁 때가 되어야 돌아오는 날이 허다했다.

밖에서 점심을 사먹고 대충 양치하고, 저녁 먹고 장부 정리하다 보면 시간에 쫓겨 대충 양치하게 됐다. 칫솔질 시간이 30초였다. 그렇게 몇 년이 흐르다 보니 잇몸이 아프다. '까짓것 아프다 말겠지.' 생각했다. 아닌 게 아니라 하루쯤 아프다 스스로 없어지며 한 달에 한 번정도 아프면 되니 그냥 그렇게 지낼 만했다.

통증이 한 달에 두세 번으로 늘어났다. 치통이 커 가는 만큼 사업도 커 갔다. 더 바쁜 하루가 되어 돈 버는 재미가 치통쯤은 별게 아니었다. 몇 달을 치통을 키우다 더는 참을 수 없어 치과를 찾아갔다. 치석이 잇몸 뿌리까지 내려갔다고 한다. 독을 내뿜어 풍치가 심각하다며 잇몸을 수술해서 치석을 제거해야 한다고 했다. 심한 위 어금니 양쪽 하나씩은 발치를 해야 하니 간호사에게 준비하라고 지시를 한다. 무서워서 집사람 허락 받고 다시 오겠다 핑계대고 도망쳤다.

다시 아프면 다른 치과 찾아가서 임시 치료를 받았다. 가는 곳마다 의사들은 처방이 달랐지만 발치를 권했다. '개같이 강한 내 이빨을 뽑아야 한다니 죽어도 싫어.' 도리질하며 버텼다. 그 후로 모임이나 동창회에서 뼈를 보면 울상이 되었다. 개처럼 맛있게 먹던 버릇으로 뼈만 보면 뜯고 싶은 충동이 일지만 병든 개처럼 침만 흘릴 뿐, 뼈는 집어 보지도 못하고 바라만 보았다. 예전과 반대로 보철을 해서 그럭저럭 지내던 친구들의 놀림도 뒤따랐다.

아파서 더는 못 살겠다. 발치해 달라며 항복하고 말았다. 괘씸죄로 늘어났는지 하나를 더하여 세 개를 발치했다. '이런 제길.' 하며 후회해 보지만 늦었다. 뽑혀 나간 불쌍한 치아를 보니 속상하고 마취가 풀릴 때 너무 아파서 길가에 주저앉기까지 했다.

며칠 후 수술이 진행되었다. 고집스럽던 못된 개 같은 나는 얌전한 고양이가 되어 치과 의사가 하자는 대로 했다. 보철까지 끝나는 데 많은 시간과 비용, 아픔이 뒤따랐다. '한 번 당한 아픔 또다시 당하면 안 되겠지. 남은 녀석들을 잘 지켜야 효도 받을 수 있을 거야.' 나이 오십 넘어 철이 들었는지 예쁜 간호사가 알려주는, 다 알지만 실천하지 않던 칫솔질 방법을 다시 듣는다.

어느 치과의사의 귀띔. '최고의 치아 관리는 스케일링을 일주일에 한 번 이상 하는 것'이라 했다. 비용도 만만치 않고 바쁜 일정으로 그렇게는 못하겠기에 달리 방법을 생각해 보았다.

'스케일링, 직접 하지 뭐.' 쉽게 결정을 내리고 의사들이 쓰는 스케일링 도구 구입을 위해 의료기 판매점을 모두 돌아보았지만 판매하는 곳이 없었다. 까짓것 만들기로 작정했다. 공예품을 만드는 세공 공구들이 많으니 어렵지는 않을 것이다. 치과에 치료 받으러 갔을 때 의사가 잠시 놓은 도구를 집어 들고 찬찬히 살펴두었다. 뱁새눈 간호사가 내 행동이 수상했는지 간첩 보듯 쳐다보지만, 황새의 깊은 뜻을 눈치채시는 못했으렷다.

만들기 알맞은 핀셋을 불에 굽고 그라인더로 깎고 세공기로 다듬으며 여러 종류의 도구를 완성했다. 사용을 해보니 하나가 제법 사용감이 좋다. 가족 모두에게 불법 의료 행위를 시작했다. 돈을 받지는 않았으니 잡아가거나 벌금 물라고는 하지 않겠지만 치과 의사가 알면 좀 그렇겠다는 생각에 미치니 조금은 계면쩍다.

일주일에 한 번 이상 스케일링을 하며 나와 가족의 치아 관리에 정성을 다했다. 외출할 때나 무엇이든 먹고 난 후에도 칫솔질을 열심히 했다. 치아를 모시고 또 모셨다 해도 과언이 아니다. 간호사가 말해준 것보다 더 정성을 다했다. 그런데 이가 시리다. 치과에 갔더니 너무 칫솔질을 많이 해서 이가 파였다 한다. '이런, 내가 너무 치성을 드렸나 보다.' 후회하며 수업료 내고 또 하나 배웠다.

마모의 큰 원인은 치약이었다. 그 후로 치약 사용을 하지 않았다. 양치물도 많이 필요하지 않아 외출 때도 좋았고, 치약에 의한 화학약품 부작용도 줄일 수 있어 좋았다. 치약 사용을 하지 않으면서 '치약 만드는 회사가 돈을 벌기 위해 만든 것'이란 결론을 내렸을 만큼 정말 좋았다.

나름대로 주의 사항도 정했다. 칫솔모가 정상인 것 사용, 치간 칫솔 사용, 음식 먹고 나면 바로 양치할 것, 자가 스케일링을 상처 나지 않게 조심해서 하고, 칫솔 살균도 철저히 할 것, 그러면 '효자 한 명 키우는 것보다 낫다.' 라고 '치과 명의'(?)는 생각한다.

치아 관리에 온 정성을 쏟은 지 수년이 흘렀다. 보철한 것이 있어 염려스럽긴 하지만 조심스레 다시 개가 되었다. 물렁뼈 정도는 와드득 소리 내며 부서질 만큼 건강을 되찾아 제 몫을 해준다. 몇 년 전부터는 치과 의사가 쓰는 전문 도구를 구입하여 더 폼 나게 불법의료 행위를 하고 있다.

건강검진 때면 "치아 관리를 무척 잘한다."며 치과 의사가 놀란다. 오늘도 스스로 스케일링하며 이렇게 중얼거린다.

'치아 관리는 내가 명의라니까.'

아내는 격투기 챔피언

TV에서 격렬한 격투기가 생중계되고 있었다. 근육질 몸매이기는 하지만 연약한 여자라서 보는 마음이 안쓰럽다. '뭣 하러 저런 힘든 직업을 선택했담.' 이맛살에 바늘을 세우며 불만을 토해 냈다.

상대가 기회를 엿보고 틈새를 겨냥하더니 주먹을 날렸다. 머리가 힘없이 돌아가고 몸이 휘청거린다. 저속으로 다시 보여주는 화면 속에는 강한 주먹에 맞은 머리의 흔들림이 죽을 것 같다는 두려움으로 온다. 상대는 하이에나처럼 달려들어 주먹과 무릎 차기를 소나기처럼 퍼부었다. 눈두덩이 부어오르고 살이 찢어진 부위에서 피가 낭자하다. 1회전 종료를 알리는 종이 살렸다. 클로즈업된 상처에서 피를 닦아내는 모습을 바라보니 몸이 다 떨린다. 그냥 기권하였으면 좋겠다.

2회전이 시작되었다. 잔 주먹을 맞다가 운 좋게 맞받아친 펀치가 제대로 꽂혔다. 허우적거리는 적을 향해 복수하듯 주먹을 연거푸 날린다. 상대의 코와 입에서도 피가 쏟아진다. 무릎 꿇은 적을 향해 짓밟고 쓰러뜨리고는 다리 사이에 머리를 넣더니 목을 조른다. 상대가 손을 휘저으며 항복했다. TKO승이다. 포효한다. 환호한다. 웃는다. 상처 가득한 얼굴이 흉한지도 모르고 승리에 도취하여 관중을 향해 손을 흔들고 있다. '대~한~민~국~.' 군중심리로 나도 모르게 두 손 번쩍 들어 환호했다.

아내와 나의 부부싸움이 오버랩 된다. 처조카의 주사로 상처 받았던 나와, 아내의 서러운 시집살이가 떠오를 때면 가끔 말싸움으로 발전한다. 상처는 약을 바르면 사라지는데, 그보다 더 독한 마음의 상처를 내기 위해 주먹을 날린다. 내 잣대로 확실한 약점을 잡았다 싶으면 내가 챔피언이 되고 아내가 도전자가 되기도 한다.

"처조카 놈이 감히……." 하며 강한 주먹을 날렸다.

"시어머니가, 시동생이, 시누가……." 하는 잔 주먹이 연거푸 날아온다.

챔피언은 도전자가 그냥 꼬리 내리고 져 줄 줄 안다. 잘못이 크다는 생각으로 당당하게 그럴 것으로 생각한다. 착한 여자라서 도전할 거라고 생각 안 했다. 그래서 마음 놓고 큰 주먹을 날리는 것이다.

도전자는 제 아픔이 더 큰 줄 안다. 사내가 쪼잔하게 굴지 말고 챔피언 벨트를 그냥 넘겨 달라며 많은 주먹을 날린다. 그러나 그건 아내의 은근한 기대일 뿐 프로의 세계에서 양보란 없다. 싸움은 격투기 3회전 15분을 이미 넘기고 심리전으로 이어진다.

말이 안 통한다며 챔피언인 나는 웃옷을 들고 링 밖으로 나가 버렸다. 심판도 주심도 없는 경기는 기권도 없고, 승리자도 없는 장기전에 돌입한다. 그 무서운 냉전이 시작되었다.

두 사람의 마음속엔 자신에게 유리한 법정이 만들어진다. 아픔을 풍선처럼 부풀리며 우뇌가 억울함을 호소하면 좌뇌가 변호사가 되어 옳다고 한다. 누구도 물러설 기미가 없다. 마지막 럭키 펀치를 엿보며 지루한 시간이 흘러간다.

격투기 규정에는 없지만, 기본적인 제 할 일은 해나간다. 상대가 없는 싸움이 싫은 것인지, 적과 동침이 필요한 것인지 모르겠다.

"식사하시라 해라."

"안 먹는다고 해라."

아이들에게 부부가 싸우는 법을 현장학습까지 곁들여 준다. 못 본 척 지나가고, 각방을 쓰고, 굶으며 수많은 시간이 불편하게 지나갔다.

불편해서, 조금은 미안해서, 아이들 보기 민망해서, 누가 '시간이

약이라 했던가. 마음속의 상처들도 조금씩 아물어 간다. 안 그랬던 것처럼 내숭 떨며 조금씩 양보하고 틈이 좁혀져 간다. "부부 싸움은 칼로 물 베기"란 명언에 한 표를 더해 주고 내가 챔피언이었던 부부 싸움은 무승부로 끝났다. 무승부도 명예스럽지는 못하지만 타이틀은 방어한 셈이다. 하지만 아내가 챔피언이었을 때에는 늘 도전에 실패한다.

부부싸움에도 요령이 있어야 할 것 같다. 한 사람이 화나 있을 때는 못 이기는 척 기권하고 져 주는 것이 옳다. 옛 어른 말씀에 '지는 것이 이기는 것'이란 말은 부부에게 꼭 필요한 가르침이라 생각하면서도 그게 그리 어려운 것일까.

맛있는 반찬을 만들어 고운 미소를 곁들인 조반상을 받는다. 기쁜 마음으로 바라보면 거실도 환하고, 식탁도 밝고, 특히 아이들 얼굴에 웃음이 넘친다. 혹여 불만을 늘어놓으며 도전하라는 챔피언의 성화가 있을지 모른다. 맞주먹을 날리지 말고 참을인忍 석 자를 허공에라도 그려 넣어야지…….

행복을 지키는 도전자가 되기 위해 오늘도 도를 닦는다.

'에고, 힘든 삶이여.'

'어화둥둥 재미있는 인생이여.'

동반자

텃밭 농사로 힘든 하루를 보냈다. 피곤한 몸을 달래려고 따뜻한 물을 온몸으로 받으며 샤워를 마쳤다. 깨끗이 씻긴 몸이 상쾌하다.

그녀는 샤워가 끝나기를 기다리고 있었다. 향기로운 향을 방안 가득 풀어놓고 나를 애타게 기다리고 있는 거다. 나 또한 잘 보여야 한다. 가벼운 한복으로 갈아입고 방으로 들어갔다.

늘씬한 키, 언제나 날씬한 그녀의 허리가 사랑스럽다. 살며시 허리를 잡았다. 늘 함께할 때면 우리만의 조명을 만든다. 커튼을 치고 스탠드를 최대한 밑으로 눕혀 불을 켰다. 휘황찬란한 조명은 아니지만, 그녀도 나도 윤곽을 잘 볼 수 있는 만족스러운 불빛이 된다.

티끌 하나 없는 하얀색, 넓게 깔아 놓은 무대 위에서 그녀는 머리를 풀어헤친다. 삼단 같은 까만 머리, 곱게 빗은 머리를 나는 연신 쓸어내린다. 내가 가장 사랑하는 동반자.

머릿결이 상할까 봐 마음 졸이고, 한 올이라도 빠지면 덜컥 겁을 먹는다. 때로는 달걀 흰자를 풀어 마사지를 해주고, 좋은 샴푸와 린스로 머리를 감겨 주는 정성도 기울였다.

비가 내린다. 습한 기운이 감도는 장마가 시작이다. 그녀가 가장 싫어하는 계절이 온 것이다. 집안 곳곳에 습기를 제거할 목적으로 제습제와 숯, 산호를 넣었다. 그래도 그녀는 괴로운 숨을 헐떡인다. 마음이 아프지만 더는 어쩔 도리가 없다.

예상했지만 오지 말라고 기도하던 현상이 드디어 시작되었다. 머리가 하나둘 빠지더니 뭉텅뭉텅 빠져나간다. 흉한 모습으로 변해 버린 그녀, 무서운 생각에 그녀를 멀리하기 시작했다.

나는 그녀가 없으면 하루도 살 수 없다. 그녀 친구라도 붙잡아야 한다. 그녀가 싫은 눈으로 바라보지만 하릴없는 일이다.

그녀 친구를 찾았다. 키도 작고 허리도 통통해 그녀완 다르다. 살며시 잡은 친구의 허리, 익숙한 그녀가 그립지만 어쩌랴. 성급한 성격 탓에 그녀의 친구와 급속히 가까워졌다.

한쪽 구석에서 원망하는 그녀가 스트레스까지 더했는지 더는 빠질 머리도 없다. 생명을 연장할 이유가 없었다. 그녀를 위한 길이라며 안락사를 생각한다.

고운 한지로 그녀를 덮었다. 몇 겹으로 둘둘 말아 땅을 파고 마지막 가는 길을 멍하니 바라보았다. 흙을 덮고 나자 인연이 여기까지라며 애써 외면한다. 나를 원망하겠지만, 저세상에서 좋은 사람 만나 행복하길 빌어 본다.

그녀의 친구가 나를 붙잡으려고 많은 유혹을 해왔지만 나는 방황했다. 그녀의 날씬한 허리의 감촉과 긴 생머리를 잊을 수 없다. 거리를 헤맸다.

그러던 어느 날, 쇼윈도에 비친 그녀 닮은 여인을 보았다. 날씬한 허리, 새하얀 머리가 요염하다. 나는 옛사랑을 찾은 듯이 그녀에게 빠져 버렸다. 그녀를 거금을 주고 샀다. 그날 밤, 밤이 새도록 그녀와 함께했다.

그녀에게 나를 사랑하라 강요한다. 첫 경험인 그녀는 부끄러운지 아무런 대답도 안 했지만 그래도 좋았다. 첫날밤을 보낸 그녀가 좋았었는지 하얀 머리가 까만 머리로 변했다.

그녀는 늘 나를 따라 다녔다. 아니, 내가 그녀를 늘 데리고 다녔다. 헤어지면 안 되는 동반자가 된 것이다. 문득 조강지처라는 말이 떠오르지만 어쩌랴, 이것이 삶인 것을…….

오늘은 벗이 그녀를 빌려달라고 한다. 어찌 해야 하나 망설이는데, 녀석이 강제로 빼앗아갔다. 싫었지만 모르는 체할 수밖에 없었다.

우악스러운 그놈 손에 허릴 잡힌 그녀가 구원의 눈길을 보내고 있었지만 외면해야 했다.

나는 그녀가 좋다. 먼저 간 그녀를 떠올린다. 아픈 이별을 다시는 하지 않으리라 다짐하며 최선을 다한다.

그녀의 머리를 감기는 내 콧노래가 퍼져나갔다. 뒤에서 나이 많은 부 선생님이 한마디한다.

"선생님, 붓을 너무 아끼세요. 꼭 애인 대하는 것 같아요."

먹 향 그득한 서실에 고운 미소가 함께 퍼진다.

(2017)

꽃이냐 작물이냐

봄이 되자 내 손이 분주해졌다. 갖가지 모종과 씨앗을 심으며 콧노래가 절로 나온다. 마당 구석에 호박씨도 심었다. 호박잎을 넣은 국과 애호박을 송송 썰어 넣은 뚝배기가 떠오르며 입맛을 다시게 한다. 가을과 겨울에는 늙은 호박으로 즙을 짜서 음료수로 먹고, 호박죽이랑 생선 조림에 곁들이던 반찬을 떠올렸다.

아내가 호박씨를 심은 옆에 꽃을 심는다. 그곳에 호박씨를 심었다며 덩이괭이밥을 심는 아내를 만류했다. 영양을 빼앗아 갈 거라며 하지 말라고 해도 말을 듣지 않는다. 살집 깊은 노란 호박으로 쑨

죽을 좋아하면서, 심어 놓은 꽃을 그대로 두고 가 버린다. '어휴, 저런 몽니라니.' 호박은 닭 먹이도 되어 주기에 영양 좋은 달걀을 얻으면서 그러는 것을 보고 은근히 화가 난다.

주 작물이 호박이면 꽃은 잡초다. 꽃을 보자면 호박은 잡초가 되어야 한다. 하나를 선택하라 하는데, 나와는 달리 아내는 꽃도 중요하고 호박도 중요한 것인가, 아니면 내게 반항으로 그러는 것인가.

이 나이 되어 보면 남자가 여자를 이겨 봐야 손해가 막심함을 안다. 당장 얻어먹고 살아야 하는데 어찌하랴, 투덜대며 물러섰다. 다음날 꽃을 뽑아 버릴 거라며 하지도 못할 궁리를 해본다.

아내가 외출했다. 그냥 뽑아 버리면 싸움이 될 것 같다. 그때 문득 떠오르는 것이 있었다. 학교에서 개구쟁이 녀석이 미워하는 친구 화분의 꽃나무를 죽인 사건이다. 날 선 칼로 땅속에 묻힌 뿌리를 감쪽같이 잘라 버린 것이다.

잔뿌리를 몽땅 다듬어서 다시 심어 놓았다. 온종일 미소가 입가를 떠나지 않는다. 며칠이 지나자 덩이괭이밥이 시들고 보기 흉한 모습으로 죽어 갔다. 영문을 모르는 아내는 멀뚱하게 바라보다 만다. 확실한 증거 인멸을 위하여 아내가 손을 대기 전에 치워 버렸다. 그 옆자리에 갓 피어나는 귀여운 호박 새싹을 바라보며 승리의 미소를 짓는다. 하지만 양심이 조금 찔린다.

따뜻한 햇볕을 먹으며 호박 줄기가 무럭무럭 자랐다. 주먹만 한 귀여운 호박을 따다가 아내에게 상납했다. 너무 이르게 따서 아깝다고 한다. 더 키워서 따지 않았다고 하며 구시렁댄다.

농사는 내가 더 잘 아니 참견하지 말라고 심기를 건드렸다. 영양을 많이 섭취하려면 잎을 확보해야 하는데, 열매가 지금 달려 있으면 어린아이가 아이를 가진 것처럼 실한 열매와 다수확이 힘든 것이라고 전문가처럼 말했다. 나의 논리가 정연해선지 아내는 입을 닫는다. '역시 나는 똑똑해.' 하며 아내에게서 오랜만에 쟁취한 승리를 자축했다.

가을이 왔다. 주렁주렁 달린 호박이 탐스럽다. 나보다 아내가 더 좋아한다. 지인들에게 나눠 주는 기쁨은 받는 것보다 더한 기쁨이란 것을 아는 아내다.

꽃이 있었다면 수확이 반밖에 안 되었을 것이라고 말해 줬다. 꽃이 영양을 나눠 먹어 열매가 작았을 것이라고도 했다. 그러기에 꽃을 작물 옆에 심으면 되지 않는다 했더니,

"그래서 혹시 꽃을 일부러 죽인 거야?"

정색하며 시비를 걸어왔다. 아차, 이 순간을 어떻게 면할까, 머리를 굴려 보지만 이미 늦었다. 기분이 나빠 버린 아내의 눈치를 살펴보며 점심은 얻어먹을 수 있으려나…….

묵묵히 아내가 해야 할 일인 호박잎 다듬기를 거들었다. 쪽파까지 다듬었다. 둘 다 38선을 그어 놓듯 아무 말 없이 시간이 흘러갔다.

차 한 대가 쪼르르 들어온다. 아내가 좋아 죽는 이웃집 친구다. 호박을 따다 바치고 호박잎을 주며 너스레를 떨었다. 아내 친구가 다른 집 호박과는 비교도 되지 않게 맛있고 몸에 좋은 친환경이라며

활짝 웃는다. 그리고 아내에게 고맙다며 연신 인사를 건넨다.

기분이 좋아진 아내 앞에서 당당해진 내 모습을 미소로 바라보는 아내. 나는 속웃음을 웃는다. 아내가 심었던 덩이괭이밥이 눈에 밟히는지. "예쁜 꽃인데……." 하는 아내에게 "당신이 꽃보다 더 예쁘니까, 꽃 없어도 돼." 했다.

해보지 않던 말을 하였더니 어이쿠, 닭살이 돋는다.

언제 준비했을까, 빠르기도 하여라. 애호박 채 썰어 고소한 기름 두르고 지글지글 전을 부치고 있다.

가을이 성큼 다가온다.

명당

공장 이전할 부지를 물색했다. 땅을 팔겠다는 곳을 돌아보았지만, 마음에 들지 않는다. 그러다가 우연히 지금 사는 땅을 샀다.

가깝게 지내는 풍수지리를 공부했다는 어르신이 명당이라며 잘 샀다고 부추긴다. 무당이니 귀신이니 하는 것은 믿지 않기 때문에 귀넘어 들으며 그런가 보다 했다. 풍수지리니 수맥이니 하는 것도 아주 미미한 영향이 있을 뿐이라는 생각에 별 관심을 두지 않고 살아왔다.

집을 짓는데 어르신이 수맥을 보아 주셨다. 수맥 위에 집을 지으면 집이 금이 가고 잠을 자도 피곤하다며 피하라 한다. 사람 마음이란 게 변덕이 심하다고, 나도 마찬가지였다. 이왕 집을 짓는 것인데, 좋은 게 좋은 거라고 미미한 영향이라도 피하고 싶었다. 약간 방향을 틀어 어르신 말대로 고분고분 따랐다.

건물 외형이 완성되자 이번에는 좋은 자리를 선택하며 방을 만들었다. 공부하는 아이들을 위해 1순위가 딸, 2순위가 아들, 3순위 안방으로 자리를 틀었다. 하나 남은 작은 방이 내 서재가 되었다. 생각이 그래선지 딸 방이 제일 아늑해 보였다.

아는 사람이 지관을 데리고 옆에 남은 땅을 보러 왔다. 우리 집을 보고 명당자리라고 탐을 내는 게 아닌가. 명당이 대체 뭔지 궁금했다. 마침 선배가 풍수지리 책을 선물하기에 열심히 읽고 나름대로 해석도 해보며 차근차근 둘러보았다.

집 앞은 대로다. 왕복 4차선 중앙에는 화단을 설치했다. 자전거 도로를 분리하는 화단이 또 있고 우리 집 앞은 사거리에 인접하는 곳이라 6차선이 되었다. 양쪽으로 500m 지난 거리에는 오르막이 있다. 큰비가 내리면 도로에서 모인 빗물과 주변의 빗물이 소리 내며 집 앞쪽 도로로 몰려들었다. 물길도 좋지만, 숨골이 여러 곳에 있고 지형에 의한 물 빠짐도 좋아 홍수가 나거나 할 우려는 없다. 그런 곳이 재물이 들어오는 명당이라고 한다. 길을 넓히며 대형 관을 묻는 공사까지 마무리하자 잠시 고여 있다가 빠지던 빗물도 우수관을 통해 처리된다.

약간 높은 뒤쪽은 아늑하게 받쳐 주는 형국이라 풍수지리에서 안

정감을 준다고 한다. 한라산 쪽이 탁 트여 정기를 받을 수 있고, 시원스레 앞이 열려 눈앞으로 바다가 들어온다. 맑은 날엔 관탈섬은 물론 사리 썰물 때 옥상에 오르면 남해안 섬도 보일 만큼 시원스럽다. 나쁘지 않다.

명당(?)에 살면서 서예가가 되어 지도자의 길로 접어들었다. 환경대상 같은 분에 넘치는 상도 여러 번 받았다. 학업도 새롭게 도전하여, 배우고 싶은 미생물을 탐구하고, 환경교육 지도자도 되었다. 4년 전에는 존경하는 선배님 덕분으로 수필가로 등단했다. 소년 시절의 꿈이던, 글 쓰는 사람이 되는 길로 접어들었다. 꿈을 이루기 위해 절대 필요한 훌륭하신 스승님도 만났다. 재산도 조금씩 늘었고, 아이들도 다들 무탈하게 자라 성인이 되었다. 그런 점으로 따진다면 명당이란 것이 맞는 말인 것도 같다.

그런데 길이 넓혀지면서 이상 현상이 나타나기 시작했다. 양쪽으로 적당한 경사를 내려오면 집 앞은 1km 정도가 곧은 평지 도로다. 곧은 길과 다시 오르막을 오르는 도로의 특성이 불법적으로 이용되기 시작했다. 전속력으로 내려온 자동차나 오토바이가 반대편 오르막 때문에 자동 브레이크 작용을 하는가. 폭주족은 우리 집 앞을 지날 때면 가속페달을 한껏 밟고 지나갔다. 과속 단속 카메라가 없어서인지 대부분 운전자가 무조건 달린다. 결국, 소음과 함께 사고 다발 지역이 되었다. 나도 우리 집 앞에서 과속 차량 때문에 추돌 사고를 당했었다.

새벽 한 시, 커다란 굉음이 들린다. “콰르릉 다다다다.” 여러 대

폭주족 오토바이가 집 앞을 지나갔다. 잠에서 깨어 놀란 가슴이 두근거린다. 입에서는 육두문자가 절로 나왔다.

그것도 모자라 혼자 중얼거린다. '명당은 개뿔, 그 지관 돌팔이다. 이 정도 앞날은 내다봐야지…….'

달아나 버린 잠이 쉬이 찾아오지를 않는다. 컴퓨터를 켜고 글을 썼다. 창으로 희미한 빛이 새어들더니 아침을 맞았다. 제일 먼저 일어난 딸아이가 어깨너머로 글을 읽어 보며 하는 말,

"과속 단속 카메라를 설치해 달라고 건의하세요. 그러면 다시 우리 집이 명당 되겠네요." 하며 웃는다.

과속에 의한 사고가 잦은 곳이고 우리 마을의 중심이자 남조로 사거리란 명칭이 있어 어렵지 않을 것이다. 그런데 마음이 비틀어진 것일까, 묘하다. 이 상황이 다시 역전되는 것이 모두에게 좋으련만 미신 같은 풍수지리에 맞춰 주는 꼴이라 영 마음이 내키지 않는다. 돌팔이라고 단정지어 버린 지관의 말을 맞춰 줘서 명 지관을 만드는 꼴이 아닌가.

명당이든 명소든 만들어 가는 것은 사람이다. 노력하지 않고 되는 일은 없다. 하지만 나는 오늘도 고민한다. 명당을 만들까, 속 좁은 사람으로 살까. 세상은 요지경이라더니 참 재미있다.

(2016)

짧은 생을 마감하며

나는 새로 나온 15.8%다. 태어난 지 일주일 만에 갑갑한 상자 속에서 진열대로 옮겨져 얌전하게 줄지어 서 있다. 어떤 책임과 의무로 태어났는지 아직은 잘 모른다. 사회를 위하여, 사람을 위하여, 아니면 혹은 나라를 위하여 만들어졌다면 이 한 목숨 다 바쳐 충성할 거라는 다짐도 해본다.

진열대에서 바라보는 세상은 참 아름답다. 밝은 조명과 수많은 상품, 예쁜 옷을 입고 뽐내는 행사 상품들. 오늘도 많은 사람이 수레를 끌고 내 앞을 지나갔다.

커다란 남자의 우악스러운 손이 내 옆에 있는 21% 여러 병을 낚아채듯 가져간다. 나를 집어 들고 살피며 생각에 잠기더니, 미소를 머금고 수레에 넣는다. 먼저 담긴 맥주와 막걸리에게 예를 갖추어 인사했다. 곁눈질로 바라볼 뿐 대답도 않는다. '무식한 놈들' 속으로 욕이 나왔다.

시끌벅적한 펜션에서 나는 뚜껑이 열렸다. '골골골.' 유리잔에 내 일부가 채워진다.

"오늘도 일용할 양식을 주신 작은 주(소주)님께 감사드리옵고……." 두 손으로 술잔을 받쳐 들고 너스레 떠는 남자와 그 모습을 바라보는 웃음소리로 동창회의 밤이 시작되었다. 노랫소리가 어우러지며 흥겨운 밤이 깊어 간다. 조금은 어리둥절하지만, 인생이란 이런 것임을 알려 주는 1막 1장을 그렇게 맞았다.

21% 선배들이 내용물을 게워 주고 나더니 많이 취했는지 바닥을 뒹굴고 있다. 나를 조금 마신 여자도 억지웃음을 웃으며 취한 척 가장한다. 하하 웃으며 취하고, 호호 웃으며 술잔이 오갔다. 시간은 안단테로 흘러가고 술병과 안주 그릇이 너저분하게 쌓여 갈수록 그들의 언어도 느려 간다.

힘들다는 직장 이야기, 또 한쪽에서는 부부 이야기, 자녀들 이야기, 돈 이야기가 오간다. 그룹마다 배턴 주고받듯이 돌고 돌며 똑같은 이야기로 웃고 슬퍼하고 고민하고 있다.

여자들이 슬금슬금 눈치를 보며 빠져나가고, 남자들도 하나둘 핑계 대며 자리를 뜨기 시작한다. 갈 사람은 가고, 잠잘 사람은 방으로 들어가자 몇 사람만 남은 펜션의 깊은 밤은 쓸쓸하다.

흔적을 치우느라 부산한 여자 총무가 시계를 연신 바라본다. 오랜만에 만난 벗들과 못다 한 수다를 마무리하고 싶기 때문이다. 그만 들어가 쉬라는 소리에 약간의 미안함만 남기고 기다렸다는 듯이 사라진다.

회장은 무사히 1차가 끝났음을 작은 안도감 섞인 한숨으로 대신한다. 남아 있는 동창생들이 늘 있는 2차를 위해 목적 있는 한 사람과 또 분주해진다. 제법 남아 있는 술병들이 안주와 함께 한데 모였다. 나도 그 옆자리에 끼어 있다. 뭔지 모르겠지만 깊어 가는 이 밤이 기대감으로 흥분된다.

다시 차려진 작은 술상 하나. 그 옆에는 화투판이 펼쳐졌다. 슬며시 웃으며 회장도 한 자리를 차지한다. 웃음과 술잔이 다시 오가며 도박이 무르익어 갔다. 심각한 표정으로 감싼 손바닥 속을 바라보고, 다른 이의 눈치를 더듬느라 눈빛이 빛난다. 이기면 돈독 오른 미소가 귀에 걸리지만, 지면 졸장부 속내를 감추며 복수의 한 판을 기다린다. 옆에서 개평 뜯는 사람은 분위기를 위하여 소주 한 잔씩 돌리며 제 할 일에 열심이다. 승자도 패자도 다시 자세를 고쳐 앉으며 패를 집는다. 좋은 패를 잡은 사람이 속내를 들키지 않으려는 듯이 나를 들이켜며 술잔 너머로 섬광같이 상대의 속패를 읽는다. 기분 좋은 때의 술맛은 더 달다고 하던데 평가가 좋았으면 좋겠다. 아니, 원래 나는 달콤한 술이니 맛있다고 할 것이다.

개평으로 사다 놓은 담배는 안 피우면 손해라도 되는 듯 연신 피워

댄다. 넓은 거실이 연기로 자욱하다. 매캐한 연기가 기관지를 자극해도 저들은 높은 집중력에 의해 알아채지 못하고 있다.

진동음이 이곳저곳에서 자꾸 울리지만, 확인만 하고 닫는다. 마누라에게 잡혀 사는 사람일까, 광을 팔고 슬며시 밖으로 나가 통화를 시도한다. 거짓말이 송화기를 통하여 집까지 배달되지만 안 믿는 눈치다. 오죽했으면…….

새벽이 어둠을 밀어내고 있었다. 두 사람의 승리자에 의해 판은 정리되었다. 미안함에 택시비가 건네지고, 수고비로 개평이 주어지고, 광열비라며 지나가던 펜션 주인에게도 약간의 돈이 건네진다. 모두 눈이 퀭하다. 못 잔 잠 때문인지, 돈을 잃은 허탈함인지 분간하기 어렵다. 방문이 열리며 생기 있는 얼굴 몇과 과음으로 속을 버린 이들이 화장실로 달려간다.

누구나 그러하듯 나 또한 탄생하고 꿈이 컸다. 반가운 얼굴을 만날 거라던 저들처럼. 사람을 위하여, 크게는 국가를 위하여 작은 공이라도 세울 수 있지 않을까, 기대도 했었다. 맥주병과 막걸리, 음료수병과 소주병이 한쪽 구석을 차지하고 누워 있다. 도수가 약하다며 뒤로 밀려 키 작게 남겨졌던 내용물이 개수대에 비워지고, 나도 짧은 생이 스톱(STOP)된다. 허탈하다. 다음 생은 좀 더 보람 있게 고(GO)를 외치는 삶으로 만들어 주길 기대하며 하고 싶지만 듣지 못할 말을 혼잣말로 구시렁거려 본다.

'쓰리박 맞을 인간 종족들아, 너희들 그리 살지 마라.'

울음소리

밤이 깊어 간다. 혹시 닭의 날카로운 발톱에 긁힐까 봐 긴 옷으로 갈아입었다. 닭을 담을 포대와 랜턴도 준비했다. 이웃 마을로 차를 달렸다. 어둠 속에서 지인이 기다리고 있다가 인사한다.

슬금슬금 닭장으로 다가갔다. 숲이 많아서인지 닭장 주변은 벌써 암흑이다. 나는 밖에서 문을 지키고 지인은 닭장 안으로 들어갔다. 닭들은 밝은 랜턴에 눈이 부신지 불안한 동요만 있을 뿐 활발하게 움직이지 못했다. 불빛에 비친 하얀 털이 아름답다. 좀처럼 구하기 힘든 '백봉오'다.

슬며시 뻗은 손이 다리를 낚아채자 푸드덕거려 보지만 내가 벌린 포대 속에 감금되었다. 다시 한 마리 들어오고 또 한 마리가 들어왔다. 요동을 치는 닭에게 미안한 마음이 든다. 수탉을 잡으려고 하는데 역시 만만치 않은가 보다. 날아오르고 도망 다니기를 여러 번. 드디어 잡혔다.

작지만 예쁜 관상용 닭도 두 마리 잡고 세 번째 포대 속으로 들어갔다. 둘러메고 어둠 속에 숨겨진 차에 실었다. 손을 흔들며 배웅하는 지인에게 연신 고맙다는 인사를 하며 집으로 차를 달렸다.

'백봉오' 털은 흰데 몸은 검은색이다. 뼈도 검고, 혈액도 검붉은 색이라 한다. 옛날부터 귀한 약재로 써 오던 닭이란다. 가끔 집에 오는 지인은 우리 집 닭장을 보더니 오래전부터 내 몫으로 백봉오를 나눠 줄 생각을 하고 있었다고 했다. 낮에는 잡기가 힘들어서 밤에 닭서리하듯 다녀오는 길이다. 고마움에 절로 고개 숙인다.

닭장에 넣었다. 랜턴을 들이대고 한동안 구경했다. 잘 키워서 내년 봄에는 식구를 늘려 볼 생각이다. 집에 귀한 닭을 들인 탓인지 쉬이 잠이 오지 않는다. 닭을 힘들게 포대에 잡아 넣던 장면이 떠오른다. 옛날 사람들은 닭서리를 할 때 그렇게 했을까 하며 웃어 본다. 신문을 보다가 나도 모르게 잠이 들었다.

닭이 여러 홰 우는 소리가 들린다. 희뿌연 아침이 열리는 시간인가 보다. 졸린 눈을 비비며 주섬주섬 옷을 찾아 입고 밖으로 나섰다.

'고등어와 콩을 삶아서 배불리 먹여야지. 해야 어서 떠올라 하얀 백봉오를 보여 달라.' 며 계단을 내려갔다. 그런데 깜깜하다. 다시 들어와 시계를 바라보니 새벽 두 시다. 잠을 청해 보지만 몸은 이미 깨어 버린 잠을 자꾸만 밀어내고 있었다.

닭이 이른 새벽에 홰를 친 이유가 궁금했다. 이런저런 생각으로 뒤척이다 거실로 나왔다. 창문을 열고 바라보니 바다에는 오징어를 잡는 것인지 밝은 어화들로 대낮처럼 밝다. 그 불빛으로 달이 구름에 가렸음에도 집 주변 사물이 구분될 정도다. 지척의 한길에는 길게 늘어선 가로등이 불을 밝히고 간판 빛도 한몫을 하고 있다.

닭이 어둡던 환경에서 밝은 곳으로 이사를 오자 날이 밝은 줄 알고 울고 있는 것은 아닐까? 수탉은 계속 울어대고 있었다. 그 울음소리가 너무 우렁차서 이웃집에 안면 방해라도 될라 미안할 정도였다. 닭장과 가장 가까운 거리에 방이 있는 아들이 거실로 나왔다. 닭 울음소리 때문에 잠을 못 자겠다 한다. 닭장이 이웃집에서 더 가까우니 이웃에게 피해를 줄 것 같아서 걱정된다고 중얼거린다.

가로등 밑에 농작물도 밤에 휴식하지 못해 열매를 맺지 못하는 곳도 더러 있다. 아내는 암막 커튼을 치지 않으면 깊은 잠을 잘 수 없다고 한다. 예민한 동물은 그럴 것 같다며 날이 밝기를 기다려 이런저런 궁리를 하기로 했다.

날이 밝았다. 계속 울어대는 닭을 확인하러 가 봤더니 역시나 백봉오 수탉이다. 닭장을 조금 어둡게 철판을 대었다. 다음날도 백봉오는 우렁차게 울어대었다. 닭장 가운데를 둘로 나누고 백봉오 수탉을 불빛이 덜 보이는 곳으로 보냈지만, 다음날도 마찬가지다.

나와 아들만이 아니라 온 집안 식구가 잠을 설치기 시작했다. 갈등이 생긴다. 귀한 백봉오를 번식시킬 계획이 산산이 부서진다. 구할 수 없어 하던 차에 소원을 이루었는데 그렇게 울어대니 난감했다. 다음날도 똑같은 일이 벌어지자 해결할 방법이 없음을 절감했다.

나흘간 잠을 설친 아들이 더는 못 참겠다고 한다. 이웃집에서 항의는 아직 없었지만 더 이상 피해를 주면 안될 것 같았다. 마침 닭을 준 지인이 왔다. 사정을 에둘러 말했다. 하얀 백봉오가 번식하여 닭장에서 놀고 있는 상상을 하면 포기하기가 쉽지 않지만 어쩔 수 없는 선택을 했다.

추석 전이라 제수 준비로 비좁은 냉동고에 까만 수탉이 자리를 차지했다. 앙칼진 울음소리가 사라졌다. 아침에만 울어 줬다면 살아남았을 텐데…….

속상해 마음이 붕 떠 있다. 이대로 며칠을 갈는지 모른다.

(2016)

이 밤이 새도록

일과를 마친 재충전 시간이다. 귀퉁이 네 곳을 못에 걸고 팽팽해진 모기장으로 들어갔다. 답답함보다는 아늑함이 드는 것이 아직은 열대야가 아니기 때문이리라. 이리저리 구르며 TV 리모컨을 돌리던 손에 힘이 없어짐을 느끼는가 싶었는데, 피곤한 몸은 곧 잠으로 빠져들었다. 아내가 리모컨을 거두어 가고 TV를 끄는 소리가 꿈결인 듯 들렸다.

잠결에 심한 가려움을 느꼈다. 뒤척이다 팔 하나가 모기장에 붙어 있었다. 모기약이나 훈증제 사용은 고사하고 주변에 살충제 한번 뿌리지 않고 살았다. 건강한 우리 집 모기들이 오랜만에 포식했나 보다.

긁적이다 가려움을 견디지 못해 화장실로 달려가 젖산균 발효액을 문지르며 고통스러운 팔을 달랬다. 불을 켜고 모기장 주변을 살폈다. 살이 통통한 다섯 마리가 보란듯이 버젓이 배를 내밀고 있다. 파리채를 들어 사냥을 시작했다. 종이 수건에 묻어나는 붉은 피가 많아질수록 분노는 조금씩 사그라져 갔다.

불 끄고 누웠으나 새벽 세 시의 사냥으로 잠은 멀리 달아나 버렸다. '컴퓨터를 켜고 글 하나 써 볼까, 그제 온 월간지를 볼까.' 망설이다 모기를 잡기로 했다. 모기장을 기어 나온 내 몸은 미끼가 되었다. 의자에 앉아 수필집을 읽으며 다른 놈이 나타나기를 기다렸다.

나의 호흡에서 전해지는 이산화탄소를 감지한 모기들이 나타났다. 기다림 속에 맞은 사냥이다. 회심의 미소를 머금고 파리채 잡은 손에 힘을 주었다. 그런데 어떤 녀석은 참 영리하다. 계속 뒷목을 공격한다. 회전의자를 천천히 돌리거나 급히 돌려도 눈에 띄지 않는 공격 부위를 향해 모기도 움직였다. 보이지 않는 뒷목을 향해 코끼리 발로 쥐 잡기 하듯 파리채를 휘둘러야 하는 웃기는 사냥을 해야 했다. 흰줄숲모기가 그런 공격을 많이 하는데, 오늘의 집모기는 흰줄숲모기 나라로 유학을 다녀오는가 보다 하며 웃어 본다.

옛날보다 청력이 약해지진 않은 것 같은데 모깃소리도 희미하다. 훈련에 의해 소리를 줄였는지, 소음기라도 개발하여 달았는지 참으로 묘하다. 아마 녀석들도 진화하는 것이라는 생각이 들었다. 피부에 앉은 녀석이 침을 꽂는 준비 시간도 있었는데, 요즘은 바로 침을 꽂아 대는 놈이 대부분이라 잠시라도 한눈팔면 물린다.

예전에는 방충망을 설치하면 모기가 별로 보이지 않았다. 요즘의 모기는 방충망의 물길을 찾아 들어오는 놈, 틈새 공략하는 놈이 있는가 하면, 몸집이 작은 모기가 발견되는 것을 보면 종이 다른 녀석인지 몸집이 작게 진화했는지 방충망의 작은 구멍으로 들어오는 놈도 생겼다. 특이한 놈이 또 있다. 불을 켜면 사라지고 끄면 나타나는 밝음에 부끄러워하는 새색시 같은 놈은 참 잡기 힘들다. 소매치기에게 바람 잡는 놈이 있다 하던데 혹시 저놈이 그런 놈인가. 홍길동처럼 앞에 번쩍, 뒤에 번쩍 정신만 빼놓으며 달려들지 않는 놈도 있다. 그런 녀석을 잡으려면 힘깨나 빼야 한다. 무수히 파리채만 허공을 갈랐다. 야구의 타율로 계산하면 1푼도 안 될 게다. 그런 녀석을 잡느라 정신을 집중하다 보면 다른 녀석에게 물렸다. 나만 진화하지 못하고 뒤처진 무능함으로 모두가 잠든 이 밤에 모기 연구라도 하듯 하는 꼴도 참 우습다.

무리하게 열 마리 사냥 목표를 정하고 보니 앉아서 기다리는 것만으로 부족했다. 모기장 둘레를 다시 돌아보고 거실 벽을 훑어보고 아들 방, 딸 방, 이 방 저 방으로 기웃거려 보지만 헛 다리만 짚었다. 달밤의 체조가 이런 것인가 보다.

의자 옆에는 다섯 마리의 모기 사체가 굴러다녔다. 먼저 다섯 마리와 합하여 억지로 열 마리라 하고 사냥을 접었다.

문득 이놈들 소재로 글 하나 써 보자고 컴퓨터를 켰다. 글을 쓰기 시작하자 어디에 숨었다가 나타났는지 두 마리가 다가왔다. 한 마리는 목을 공격하고 한 마리는 발을 집중적으로 공격한다. 일을 시작하면 집중력 때문에 사냥을 못할 거라는 것을 아는지 죽은 친구들 복수의 칼날을 들이밀었다.

목이 물려 가려워 긁적이고, 물린 발을 비비 꼬며 한 줄 한 줄 글을 이어 갔다. 초고를 끝내고 다시 파리채를 들었다. 잡고 보니 둘 다 홀쭉한 배에는 혈흔이 없다. 피를 얻기보다는 복수를 위해 창만 찔러 대었나? 말이 안 된다.

사냥하고 글을 쓰며 흘러가 버린 시간이 얼마인가. 희미한 빛이 유리문을 노크하고 있었다. 거울을 보니 초췌한 걸인이 '너 누구니?' 하며 바라본다.

(2016)

3부

지키지 못한 인연

지키지 못한 인연

관광지로 인기가 높은 제주. 관광객을 대상으로 하는 기념품을 만들어 납품하는 제조업을 시작했다. 무리한 투자보다는 안전함을 우선하며 매출을 늘려 나갔다.

시작할 때는 몰랐는데 경쟁 업체가 여섯이나 된다. 그중에 투기성이 농후한 H통상 사장이 있었다. 동종 모임이 있을 때 만나는 그는 유난히 내게 호의를 베풀며 다가왔다. 누가 말하듯 생김새대로 진정성이 없어 누구도 그와 깊게 사업을 논하려고 하지 않았다.

가끔 그는 내 사업체에 들러 아는 척 허풍을 떨다 가곤 했다. 날카로운 눈매와 험상궂은 얼굴, 커다란 체구로 압도해 오는 그를 다들 피하려 했지만 나는 그러하지 않았다. 성선설을 더 신뢰하였기에 진솔함을 보이면 손해를 끼치지는 않으리라는 믿음이 있었다.

그는 허풍과 허세로 처음에는 잘나가는 듯했지만 차츰 거래처를 잃어 갔다. 그에게서 떨어져 나온 거래처들이 하나둘 나와 다른 거래처로 흡수되어 허덕였다. 사업을 정리하는 단계까지 가고 말았다.

그의 밑에서 일하던 영업사원이 구직을 원해 왔다. 우리 직원들도 첫인상이 좋아 보인다며 반겼고, H통상 거래처였던 곳에서도 그의 착실함과 성실함을 인정하고 있었다. 일손도 부족하고 더욱이 유능한 영업 사원이 부족했기에 욕심이 났다. 특히 H통상의 사업 부실로 정리될 거래처가 눈에 밟혔다. 하지만 그를 의식하지 않을 수 없었다.

그에게 전화를 걸었다. J를 내가 직원으로 채용해도 좋겠냐고 의향을 물었다. 화를 벌컥 낸다. J의 없는 부정행위를 꾸며 말하고 육두문자를 써 가며 욕했다. 그러다가 화가 조금 사그라지자 어차피 떠난 놈 다른 곳에 가는 것보다 내게 가는 것이 좋다며 전화를 끊는다.

바로 다음 날부터 출근하라고 전화했다. 집과 차와 H에서 받았던 월급에 30%를 더한 급여를 제시했다. 휘둥그레진 눈으로 의아해 하는 그에게 이곳의 사원 대우가 그렇다는 말을 하며 웃어 줬다.

그는 붙임성도 좋아 직원들과 금방 친해졌다. H통상의 거래처를 모두 다 확보했다. 다른 거래처로 흡수된 곳까지 다 가져왔다. 그는 영업부장이 되어 1년 만에 회사를 도내 1위 자리에 올려놓았다. 매출 대비 상여금과 특별 상여금까지 다달이 지급했다. 그럴수록 장 부장은 더 열심히 뛰었다.

H통상은 사라지다시피 했지만, 가끔 길에서 만나면 웃으며 인사 나누는 사이가 유지되었다. 그는 다른 사람들과는 다르게 대화를 해 준 것만도 고맙다고 한다. 제조업과 도매업을 하는 사람들에게 고의적으로 대금을 주지 않는 악덕업자가 많았다. 그런 거래처에서 받을 대금을 대신 받아주기도 했다. 내가 먼저 마음을 열면 그렇게 돌아오는 것임을 배웠다.

IMF가 들이닥쳤다. 건설업도 멈추고, 제조업도 멈췄다. 제주도 관광은 암흑 속에서 허덕이기 시작했다.

부족한 시설과 규모를 늘리려고 시작한 신축공사, 선불리 시작한 내게도 수심이 잔뜩 밀려왔다. 뛰는 건축 자재 값, 게다가 매출은 반 이하로 뚝 떨어졌다. 월급날이 되면 돈을 구하러 다녀야 하고, 공사 대금을 지불하지 못해 가족과 직원들이 할 수 있는 일은 손수 해야 했다.

홀연히 장 부장이 심각한 얼굴로 들어왔다.

"사장님, 갈 곳 없던 저를 최고의 대우로 고용해 주셔서 감사합니다. 그 은혜를 갚는 길은 사표를 내는 것이라고 판단을 내렸습니다. 다시 경기가 좋아지면 돌아오겠습니다. 받아주십시오."

그가 떠난 허전함에 밤새 술을 마셨다. 마시고 게워내고 또 마시고 게워내고…. 사촌동생이 하는 단란주점에서 울며 밤새워 마시고 노래를 불렀다. 모르는 사람들의 위로를 받으며 무능한 사람이 유능한 사람을 잡지 못하는 한탄을 그렇게 풀 수밖에 없었다.

그가 떠나는 것을 보며 어떻게든 남으려 하던 사원들도 사표를 내고 떠났다. 다른 이유도 있었지만 그런 이별이 싫었다. 다시는 사업을 하지 않을 거라고 작심하고 사업을 접어 버렸다.

세월이 흘렀다. 예전의 그 장 부장이 결혼을 한다며 찾아왔다. 30대 후반이 되도록 동거하다가 지금에야 예식을 올린다고 한다. 영업용 택시를 운전한다는 그, 여전히 고마웠다는 말을 특유의 고운 미소와 함께 다시 한다. 병중이어서 결혼식에 가보지 못한 아쉬움이 지금도 한으로 남아 있다.

그 후로 그와 인연이 이어지지 않았다. 찾아오지도 않았고, 소식을 알 수조차 없었다. 늘 안부가 궁금했지만, 그렇게 세월만 흘러갔다.

달포 전, 우연찮게 귀동냥으로 들었다. 주유소에서 일하는 초라한 모습의 그를 보았다 했다.

왜 이리 가슴이 미어질까.

성적

학기말 시험이 있었다. 지난번엔 아쉽게 1등을 놓쳤다. 이번에는 기필코 1등을 할 거라고 목표를 삼았지만 회장 선거와 농사일이 바빠서 시험공부를 충분히 하지 못했다. 시험이 끝나자 실망스러운 등수가 예상되어 영 기분이 좋지 않았다. 욕심을 버리고 다음에는 더 잘 보자며 마음을 달랬다.

담임 선생님에게서 전화가 걸려왔다. 늘 큰형님처럼 대해 주시는 선생님을 존경하며 지내왔다. 요구 사항을 말하면 무엇이든 들어 주는 분이셨다.

“회장, 시험 잘 봤던데? 그런데 내 과목 수학은 ‘우’더라. 슬쩍 ‘수’로 올렸으니 다음에는 더 잘해. 이번에도 반 수석은 분명하고, 전체 성적도 기대가 된다. 1학기 때는 2등이었지?”

가슴이 덜컥 내려앉았다. 전체 1,2등을 다투던 K와 S가 떠오르며 얼굴이 달아오른다. 내 입에서 사려 깊지 못한 말이 급히 튕겨 나갔다.

“선생님, 싫습니다. 다시 ‘우’로 해주십시오. 다른 사람 피해 주며 밟고 올라설 수는 없습니다. 부탁드립니다.”

선생님은 아무 말씀도 못하셨다. 전화를 끊지도 못하시고 어찌할 바를 모르고 계신 듯했다. 아차 했다. 말을 듣기 좋게, 고마움을 먼저 표현하고 나서 정중하게 물려 달라고 떼를 썼어야 했다.

사태를 파악하고 “죄송합니다.” 했더니, “알았다.” 짧은 대답을 남기고 전화를 끊으셨다. 이런 실수를 저지르고 선생님을 어떻게 뵐까, 몇 날을 고민했다. 아껴 주는 마음을 그렇게 받아들인 제자를 용서하지 않으실 거라며 선생님 앞에 섰다.

선생님은 아무런 일도 없었다는 듯이 미소를 보여 주셨다. 어설프지만 고민거리가 풀리면서 나도 웃음을 찾았다.

스물여덟에 가난으로 포기했던 공부를 위해 방송통신고등학교에 입학했다. 나처럼 가난이나 병으로 포기했던 공부를 위해 모인 학생들은 순수한 사람들이었다. 열일곱 살부터 오십대까지 나이 차도 많았고 다양한 직업을 가진 집단이다. 그러다 보니 중도 포기자가 많았다.

한 달에 두 번 만나는 학생들을 위해 선생님은 쉬는 시간마다 두 명씩 불러내어 상담을 하셨다. 그렇게 반 학생들 이름을 다 암기하고 관리를 하셨다. 결석한 학생이 있으면 걱정을 많이 하신다. 전화 보급률이 낮은 시절이라 연락할 방법도 마땅치 않았다. 그 뜻을 마음에 새기며 스스로 실행에 옮겼다.

선생님이 하시는 것을 보고, 200명이 넘는 동급생들 이름을 다 암기했다. 학생회장이 되자 600명이 넘는 학생을 위하여 책임감 있게 일했다. 동급생들의 어려운 일을 격려하며 학업을 포기하지 않도록 관심을 가졌다. 시간을 내어 결석한 학생을 찾아 남원, 성산, 서귀포까지 다녀오는 일이 허다했다. 일 때문에 어쩔 수 없는 결석으로 제적되지 않게 출·결석까지 관여했다. 낌새를 아셔도 선생님은 모르는 척 모든 것을 맡겨 주셨다,

졸업식 날이 되었다. 방송고 사상 역대 최고의 졸업 인원이다. 특히 학업 포기자가 다른 해에 비해 10%도 안 될 만큼 성과가 컸다. 그 이유는 지금도 몇 사람만 아는 비밀이다.

졸업을 하고 선생님 댁을 찾았을 때 지난날 성적에 대한 말씀을 꺼내셨다.

"괘씸하기도 했었고, 서운한 마음도 들었지. 그런데 진짜 바른 제자 하나 얻었다는 기쁨이 서운함을 뛰어넘더라. 오히려 기뻤어. 그런 보람을 느끼게 해줘서 고맙다, 재봉아."

다른 사람에게 나를 인사 소개시킬 때 선생님께서는 "내가 존경하는 제자입니다."라고 농담을 섞어서 소개하시곤 하셨다.

졸업하고 여러 해가 지났다. 가끔 이런 전화가 걸려온다. "형님 아니었으면 저 학업 포기했을 겁니다." 그 인사 속에 숨어 계신 선생님. 지금도 나는 그분의 존함을 함부로 적지 않는다. 스승님 그림자는 밟지도 말아야 한다는 말을 떠올리게 하는 참 스승님이기에.

사업을 한다고 말씀드렸을 때 제일 걱정을 많이 하셨다. 지나치게 정직해서 힘들 거라는 말씀이었다. 사업도 정직으로 이겨 나가리라 생각했지만 힘들 때가 많았다.

바쁘다 보니 전화 안부를 한동안 드리지 못했다. 선생님께서 사모님과 함께 집으로 찾아오셨다. 두 분 양손에는 두고두고 먹을 아이들 간식거리와 식품을 잔뜩 들고 계셨다.

"너 사업 망하고 굶고 있지 않는지 걱정되어 견딜 수 없어서 왔다."

선생님과 사모님의 인자하신 미소를 바로 볼 수 없어 고개를 숙이고 마음속으로 울었다.

그 후로도 선생님은 내 아이들 공부까지 관심을 쏟으시며 컴퓨터와 공부할 자료도 챙겨 주셨다. 그뿐만이 아니다. 사업으로 바빠 아이들에게 소홀해 하실까 봐 그러셨는지, 아이들을 데리고 가셔서 영화 구경을 시켜 주시거나 맛있는 것을 사 주시며 못난 제자의 아버지 구실까지 대신해 주셨다. 아이들이 극장이란 것이 있는 것을 처음 알게 해 주신 분이다.

스승님의 끝없는 큰 사랑 앞에, 제자란 놈은 그 은혜에 보답한 성적이 '0' 점이니 어쩌랴, 부끄럽다.

(1993)

갈색 봉투

장작 난로 속에서 고구마가 익는다. 구수한 냄새가 식욕을 자극하면서 무의식적으로 손이 동그란 고구마 굽는 통을 잡아당겼다. 뜨거운 김이 천장을 향해 오름을 바라보며 군고구마의 단맛에 빠져 행복감에 젖는다.

아내가 다가오더니 갈색 봉투에 군고구마를 담고 있다. 책을 넣어야 할 봉투가 군고구마 담는 용도로 변했다. 오늘은 누구 차례일까, 따뜻한 마음을 전하는 우리 집 겨울철 별미다.

갈색 봉투를 볼 때마다 어렵던 시절이 생각난다. 갈색 봉투에 대해 집착하는 나를 종종 느끼며 살아왔다. 강산이 네 번 반도 더 변했다. 그렇게 세월이 흐른 지금도 가끔씩 떠오르는 얼굴들이 나의 과거 속에서 함께하고 있다.

열두 살에 꼬마 목수가 되었다. 가난으로 중학교 진학은커녕 졸업도 전에 도목수인 외삼촌 집으로 들어갔다. 목수 일을 배워 돈을 벌기 위한 목적이었지만 어린 내가 뭘 알겠는가. 부모님이 보내니 갈 수밖에……. 내가 할 일은 목수들의 잔심부름이다. 외삼촌은 부잣집 이층 양옥을 전문으로 짓는 큰 목수였다. 목수 다섯 명이 숙식하며 일했다.

그 시절에는 크레인이나 펌프카, 레미콘 차가 없었다. 모든 작업을 인력에 의존했다. 이층을 지으려면 모래, 자갈, 벽돌 등의 자재를 사람이 지고 가파른 나무 발판을 올라가야 한다. 많은 분량의 자재를 나르는 일은 값싼 인력인 아주머니들을 불렀다. 특히 콘크리트 타설 작업이 있을 때는 많은 사람의 힘이 필요했다. 나무로 만든 통에 모래나 자갈을 담고 이층과 이층 지붕으로 오를 때는 그 무게가 상상을 초월한다. 아주머니들은 약한 여자의 몸으로 그 무게를 견디며 오르고 내렸다. 땀에 흥건히 젖은 몸, 흘러내린 긴 머리카락도 가눌 여유가 없어 보였다. 경험이 부족한 사람이 어깨를 누르는 무게에 눈물까지 흘리는 모습을 종종 보았다. 그러나 다리가 후들거려도 쉴 수 없다. 목수에게 밉보이면 일을 할 수 없기 때문이다.

그런 와중에도 아주머니들은 또 하나 해야 할 일이 있었다. 두꺼운

종이 세 겹으로 만들어진 빈 시멘트 포대를 모으는 것이다. 시멘트 포대를 관리하는 담당을 늘 내가 맡았다. 빈 포대는 비싼 값에 팔리기 때문에 잘 모아 두어야 한다. 관리 소홀로 많이 모으지 못하면 목수에게 험한 말을 듣는다.

아주머니들은 "나무상자가 등을 눌러 아프니 한 장 더 달라." 하며 자꾸만 얻어 갔다. 필요 이상으로 달라고 하는 아주머니들이 미웠다. 쌀쌀맞은 눈으로 바라보며 빈 포대를 지키려고 안간힘을 썼다.

콘크리트 타설 작업이 끝나면 시멘트가 굳어야 다음 일을 할 수 있다. 자재 도둑이 많았던 시절이라서 현장을 지키라는 명을 받았다. 홀로 지키는 텅 빈 공사장은 쓸쓸하다. 쓰고 난 구부러진 쇠못을 재활용하기 위해 펴는 작업을 하고 있었다. 가로질러 놓은 나무를 넘고 한 아주머니가 현장 안으로 들어섰다. 눈에 익은 얼굴이다. 유난스레 빈 포대를 탐내던 그 아주머니다. 내 눈과 마주치자 멋쩍어하다가 다가온다. 곁에 앉더니 내게 대뜸 말을 걸어왔다.

"몇 살이니? 언제부터 목수 일을 했어? 부모님은 계시니? 어려 보이는데……."

어제 힘들게 발판을 오르내리던 불쌍한 아주머니가 동정심 가득한 얼굴로 나를 바라보며 연거푸 질문을 던졌다.

"열두 살이고요. 삼 개월쯤 되었어요. 그런데 여긴 뭣 하러 오셨어요?" 어제 쌀쌀맞게 굴었던 것이 미안하여 공손하게 대하였다.

"우리 막내딸하고 동갑이구나. 집이 많이 가난하니? 나도 남편이 먼저 떠나서 형편이 어려워. 그래서 공사판에서 일한단다. 밤에는 시멘트 포대 가져간 걸로 봉투를 만들어 팔아야 먹고 살 수 있어. 어제 계단을 오를 때 무릎이 시큰거리더니 많이 아프네. 오늘은 봉투를 접으며 쉬는데 모아둔 빈 포대가 다되어 찢어진 것이라도 있나 해서 왔단다."

악착같이 시멘트 포대를 모았던 이유를 알게 되었다. 힘든 노동 끝에 봉투까지 접어야 살 수 있다는 아주머니 삶도 나만큼이나 가련하다. 목수에게 욕을 듣겠지만 앞뒤를 생각할 기분이 아니었다. 창고 문을 열었다. 열 장만 가져가시라고 했다. 내 눈치를 보며 슬며시 열 장 넘는 빈 포대를 챙기고 있었지만 모른 척했다. 다른 분들도 같은 삶일 텐데, 내 소임에만 충실했던 것이 후회되었다.

모질게 굴었던 관리를 느슨히 했다. 목수는 내 소임을 박탈하고 다른 목수에게 맡겼다. 더 힘든 일을 하게 되었지만, 마음은 홀가분했다. 찢어진 포대라도 슬며시 챙겨줄 수 있어서 좋았다.

지금도 더 베풀지 못했던 마음이 아프다. 그런 마음이 남은 탓일까, 쓰고 난 봉투도 버리지 못한다. 서예 책자를 담기 위해 제작한 갈색 봉투 새것을 아내가 가져간다. 군고구마를 담고 남에게 베푸는 용도로 사용되는 것이라서 기꺼이 눈감아 준다.

'지금도 갈색 봉투는 생활이 어려운 누군가의 손으로 만들어지고 있을까?'

(2016. 4.)

신문이요

동짓달 매서운 바람이 전깃줄을 울려 나를 깨운다. 아직은 어둠이 채 가시지 않은 새벽길을 걸어 보급소에 도착했다. 언 손 호호 불며 신문 60부를 헤아려 옆구리에 끼고 배달을 시작한다.

새벽 찬바람은 같이 가자 하고, 간헐적으로 내리는 싸락눈이 귀를 잡아당기며 걸음을 더디게 했다. 새벽은 많은 사연들을 낳는다. 부지런히 식구를 위하여 아침을 준비하는 사람, 누가 볼세라 힐끔거리며 살며시 집으로 들어가는 총각과 술 취한 아저씨의 귀가.

초가집에서 보릿짚을 태워 밥을 하는 메케한 냄새가 가난을 대신하고, 기와집에서는 향기로운 연탄가스 냄새에 섞여 맛있는 음식 냄새가 바람에 실려와 콧속으로 스며들며 부자라고 과시한다.

차가운 냉기가 옷 속을 파고들 때마다 목을 움츠려 보지만 소용없는 짓이다. 허옇게 떠버린 귀가 따갑다. 간혹 손을 바꾸며 귀를 감싸고 달렸다. 점점 힘이 빠져가는 신문 뭉치를 보듬은 팔이 떨어질 듯 아프다. 다른 신문 보급소 형이 힘차게 자전거 페달을 밟으며 옆을 스쳐 지나간다. 부러운 듯 쳐다보는 나를 뒤 돌아보며 냉소하듯 미소를 머금고 일어서서 곡예 운전을 한다. 그런 모습을 외면해 보지만 옆 눈은 부러운 듯이 그 모습을 따라가고 있었다.

내게 주어진 시간이 너무 짧다. 빠른 시간 안에 배달을 못하면 호되게 꾸중을 듣는다. 헉헉거리며 뛰는 내 발이 입을 대신하여 '신문이요.'를 외쳐댄다. 새벽하늘이 열리기 시작하고 어두운 골목길이 희미하게 보이기 시작했다.

파란 대문 집에 40부째를 돌리고 돌아서는데, 대문이 벌컥 열리더니 아저씨가 양치하던 채로 하얀 거품을 물고 나왔다. 길바닥에 거칠게 치약 거품을 뱉으며 심한 육두문자를 쏟아낸다. 지난번 배달할 때 첫 배달을 여기서부터 하라고 했는데, 왜 말을 안 듣느냐며 신문을 넣지 말라고 한다. 난감하다. 그렇게 하려면 다른 집을 다 지나치고 와서 되돌아가서 넣어야 하는데 그럴 수는 없는 일이다. 구독자가 하나라도 감소하면 보급소에서 책임을 추궁 받을 것이다. 내일부터 더 일찍 배달을 나오겠노라는 말씀을 드려 보지만 1번으로 넣지 않을 거면 넣지 말라 한다. 억지였지만 대꾸할 수 없다. 수금 때마다 여러 번 와야 겨우 받아갈 수 있는 이곳은 차라리 안 넣었으면 좋겠다고 생각하며 다시 달린다.

으슥한 골목길로 들어섰다. 작지만 하얀 개가 달려들어 물리는 것이 예사다. 발길질하다가 여주인에게 욕을 먹은 후로는 개가 달려들어도 발길질도 할 수 없다. 개를 묶어 달라고 하니 집을 지켜야 하므로 안 된다고 잘라 말한다. 개만도 못한 대접을 받으며 사는 내 인생이 가엽다는 생각이 드는 곳이다. 아직 다 아물지 않은 발목에 아물어 가는 상처 딱지와 찢긴 바지를 바라보며 잠시 망설여야 했다. 목긴 운동화라도 신었으면 덜 무서울 텐데, 닳고 닳은 검정 고무신을 원망하듯 바라보았다. 조금 먼 곳에서 작은 돌멩이를 끼워 신문을 던졌다. 표독스럽게 짖어대는 소리, 온 힘을 다하여 도망쳤다. 오늘은 그렇게 무사히 지나갔다. 내일 걱정은 내일 하자며 스스로 위로했다.

커다란 기와집 앞에 다다랐다. 수금 때면 두 번 걸음 하지 않게 신문 대금을 주는 마음씨 좋은 부잣집이다. 대문에는 항상 나보다 먼저 배달되는 흰 우유병이 얌전히 놓여 있었다. 살며시 만져 본다. 아직 따뜻하다. '나도 한 번만이라도 이런 우유를 먹어 봤으면…….' 먹고 싶은 마음 외면하며 신문을 대문 밑으로 밀어 넣었다.

벌써 여덟 시가 다 되어 간다. 오늘은 파란 대문 집 아저씨 때문에 아침을 먹을 시간도 없다. 급히 학교로 향하여 달렸다. 가는 길에 풀빵 굽는 냄새가 허기진 배를 자극했다. 배가 고파 선생님 목소리도 가물가물 들렸다. 체육 시간은 아프다는 핑계 대고 구경만 했다.

점심때가 되었다. 등에 달라붙은 배는 힘이 없어 빠른 걸음도 어렵다. 부엌으로 들어가 솥에서 밥만 퍼서 허기진 배를 우선 달랬다. 허기가 갓 가시자 김치를 찾아 정식으로 밥을 챙겨 동생들을 먹이고 학교로 가는 나는 어엿한 6학년이다.

오늘은 기쁜 날이다. 신문 대금을 수금하고 나면 배달 급여가 나온다. 학교가 파하자 영수증을 들고 동생까지 데리고 나왔다. 하지만 걱정이 앞선다. 벌써 두 달이나 밀린 파란 대문 집 때문이다. 학교 앞 구멍가게에서 수금하고 마음 좋은 아저씨가 동생에게 주시는 눈깔사탕 한 알을 한 입씩 교대로 번갈아 빨며 다녔다. 파란 대문 집 대문을 흔들었다. 기다렸다는 듯이 나오는데, 그의 손에는 며칠 치 신문이 들려 있다. 신문을 보지 않았으니 돈을 줄 수 없다고 한다. 어린 내가 봐도 한눈에 알 수 있는 보고 난 흔적이 뚜렷한 신문만 가지고 그냥 나왔다. 수금을 위한 방문을 다하고 보급소로 돌아갔다.

보급소 소장님하고 같이 수금이 안 된 집과 파란 대문 집을 다시 찾아갔다. 소장님이 "보신 신문 표 안 나게 접느라 고생하셨다."며 소문은 안 낼 테니 결제하라고 하자 한마디 대꾸도 못 하고 돈을 가져온다.

다시는 넣으라고 해도 넣지 말라고 하시는 소장님이 아버지같이 든든하게 느껴졌다. 의지할 수 있는 사람과 같이 다닐 수 있는 오늘만 같았으면 좋겠다.

신문 보급소 소형차가 신문을 던져 넣고 쌩하고 사라진다. 신문대금 결제할 시기가 다가오면 지로용지가 끼워져 있다. 여러 일간지를 함께 취급한다고 한다. 20년 전과 비교하면 격세지감이다. 그래도 어렵던 옛 시절이 있어서일까, 신문을 돌리는 차를 보면 가슴이 아리다.

그리움이 눈물 되어

커다란 손수레를 끌고 힘겹게 동산을 오르고 있었다. 등교하던 까만 제복 입은 또래 아이들이 가엽다는 듯이 바라보는 것 같다. 감추고 싶지만 드러나는 가난은 어쩔 수 없다. 가쁜 숨을 몰아쉬며 정상에 올랐다. 아주 잠시 숨을 고르고 나서 학생들의 눈을 피해 도망치듯 공사장으로 달렸다.

굵은 각목을 어깨에 메어 옮기라 한다. 너무 무거워서 어깨가 으깨질 듯 아프다. 직선으로 걷지 못하고 휘청거렸다. 군기반장 목수가 똑바로 걸으라며 대놓고 꾸짖는다. 힘들어 죽겠는데 욕하는 목수에게 항의하듯 각목을 거칠게 내려놓았다. 각목의 모서리가 망가졌다며 뺨을 때린다. 대들다 몽둥이로 죽지 않을 만큼 맞았다. 내 편을 들어줄 것으로 알았던 도목수 외삼촌도 외면한다. 다행히 스물두 살 목수 형이 힘에 맞는 일을 시키라며 막아섰다. 중학교도 못 가고 목수 일을 배우는 것은 가난 때문이라고 생각하며 자재 창고 뒤에 몸을 숨기고 울었다.

나보다 세 살 위인 꼬마 목수가 둘이 더 있었다. 한 명은 외숙모 친척이라 사돈지간이었고 한 명은 그의 친구였다. 두 형의 꼬임도 있었지만 힘든 노동이 싫고 가족이 보고파서 도목수 집을 탈출하는 데 동참했다. 세 사람 집이 동쪽이었기에 그리운 집 향한 밤길을 마냥 걸었다. 두 시간여를 걸어 삼양에 도착하니 깊은 밤이다. 사돈 형 집에 몰래 들어간 우리는 부엌에서 밥을 훔쳐 먹었다. 반찬 없이 밥만 먹었지만 꿀맛 같았다. 허기로 채워지는 밥맛이 너무 맛있어서 웃고 울기를 반복했다. 힘든 노동과 오랜 밤길을 걷느라 피곤한 몸이 밥을 먹다가 웅크린 채 잠이 들었다.

꿈속에 어머니, 아버지, 동생들이 차례로 나타나 손짓한다. 온 가족이 바릇잡이를 갔다. 바닷가에서 행복해 하며 고둥을 줍는다. 갑자기 바람이 일더니 커다란 너울이 몰려왔다. 가족들이 나 홀로 남겨두고 도망가기 시작한다. 따라갈 수 없게 바위 틈에 끼여 버린 발, 산 같은 파도가 바로 뒤에까지 덮쳐왔다. 무서워서 가족들을 불러 보지만, 뒤도 돌아보지 않는다. 파도를 피해 도망가는 사람들도 못 본

채 달려간다. 무서워서, 서러워서 울었다. 파도가 다시 섬뜩하게 덮쳐 왔다. 늦가을 추위에 바닷물은 차갑기만 했다. '꿈인데, 꿈속에서도 난 울어야만 해?' 하며 꿈을 꾸며 꿈속에서 울었다.

사돈 어른께서 몇 바가지의 물세례를 퍼붓고는 구별 없이 혼을 내고 계셨다. 회초리가 사정없이 내려졌다. 우리는 겁먹은 쥐처럼 구석에 몰린 채 떡 되게 맞았다. 왜 맞아야 하는지 몰라서 울었고 맞은 곳이 아파서 울었다.

다시 잡혀 갔다. 욱신거리는 맞은 자리, 많이 걸어 아픈 발, 내리쬐는 여름 햇살에 얼굴은 그을리다 못해 뱀처럼 허물을 벗는다. 잠이 부족해서 자꾸 졸음이 몰려왔다. 어깨를 짓누르는 통나무의 무게가 괴로워서 그냥 편히 잤으면 좋겠다며 열두 살 아이로선 상상도 못할 죽음을 생각해 본다. 짭짤하다. 무서운 생각으로 생겨난 눈물이 또 입가를 지나가고 있었다.

몰래 눈물을 훔치며 다짐한다. 지긋지긋한 이 가난에게 복수할 거라고, 심한 노동 속에서 동생들에게는 이런 고통 안 줄 거라며 또 다짐에 다짐을 했다.

이가 바글거리는 작은방에서 다섯 명이 빼곡히 누워 잠을 잤다. 이가 피를 빠는 가려움쯤은 즐긴 지 오래되었다. 이를 잡는 시간은 여유로움이었고 행복한 시간이었다. 그 여유로운 시간 때문에 문득 떠오르는 가족, 보고파서 흐르는 눈물을 들키지 않으려고 밖으로 나섰다.

구름 낀 하늘, 구름 틈으로 별들이 반짝인다. 별을 바라보며 어머니, 아버지, 동생들이 보고 싶어 그리움이 눈물을 참을 수 없게 했다. 집안 공기를 훑어보고 이번엔 혼자서 길을 나섰다. 삼십 리 넘는 길을 걷기 시작했다. 달도 별도 구름 속에 숨어 버렸다. 야속한 암흑이다. 비포장도로에서 돌멩이에 챈 발이 아프고 수도 없이 벗겨지는 고무신을 어둠 속에서 더듬어 찾아야 했다. 뽀얀 먼지를 덮어쓰고 네다섯 시간 만에 도착했다. 작은 초가집이 정겹게 가슴에 안겨 왔다.

눈물 나게 보고 싶었던 어머니, 아버지는 자시에 찾아온 아들에게 왜 왔냐며 뚱한 얼굴로 바라보았다. 귀여운 동생들은 깊은 잠에 빠져 있었다. 차갑게 대하는 부모님과 잠만 자는 동생들이 야속하여 눈물을 삼켰다.

이른 아침, 가고 싶지 않은 길을 가야 할 때 흘리는 눈물도 가난 때문이라며 받아들였다. 용서를 빌고 다시 중노동이 시작되었다. 그제 외사촌 형제들이 먹었던 꿀 바른 돼지고기가 떠오른다. 먹고 싶다. 한 점 집어먹고 외숙모 눈치가 보여 더 먹지 못했던 고기. 하지만 가족이 보고 싶은 만큼 먹고 싶은 것은 아니라고 도리질한다. 하얀 쌀밥에 기름진 고등어 반찬도 싫다. 비록 꽁보리밥에 된장 하나로 먹지만, 혈육과 함께 서로 바라보고 웃으며 살고 싶다.

늦은 마무리로 어두운 길을 손수레와 함께 걷는다. 유난히 맑은 밤하늘에 별들이 반짝인다. 별에게 묻는다. '당신은 가난이 무엇인지 아세요? 저에게는 그리움이랍니다.'라고 묻고 답하자 목을 타고 가슴으로 들어오는 눈물을 또 품어야 했다.

내 열두 살과 열세 살은 그렇게 작은 가슴을 꽉 채워 버린 그리움이 지배하고 있었다. 강산이 두 번이나 변한 지금도 그때를 떠올리면 눈물이 흐르지만, 그 눈물이 나를 키웠다.

(1990)

목소리

산호를 손질하고 고둥을 자른다. 멋을 낸 후에 더 멋스럽게 아크릴 상자에 넣었다. 우리가 만든 관광기념품은 제주관광의 붐을 타고 만들기가 바쁘게 팔렸다. 아크릴 상자는 부산에서 납품 받았다. 한 달 아크릴 상자 값으로 천만 원에 가까운 금액을 송금해야 했다.

첫 거래처였던 A 아크릴사가 부도가 났다고 한다. 며칠 후 A 아크릴사 사장님으로부터 전화가 왔다. 목소리가 너무 좋아 구성지게 노래를 잘 불러서, 박복하다는 말을 하더니 그게 정말 현실이 되었다.

"양 사장님, 제 회사 인수 좀 해 주세요. 싸게 드리겠습니다. 기술 전수도 책임질 거고요."

솔깃했다. 가장 큰 지출 부분에서 20%만 절약해도 연간 순소득이 이천만 원을 넘는다. 거래처를 확보하여 납품까지 한다면 좋은 연계 사업이 될 것이다. 마음은 아크릴 공장을 인수하고 싶었다.

하지만 지금까지 쌓아 온 현재 거래처인 B 아크릴사와의 의리 때문에 마음에 걸렸다. 형님, 동생하며 거래를 해온 지 여러 해가 되었다. 납품을 제때에 해 주어서 늘 고마웠다. 부산에 출장을 갔을 때면 밤새도록 술 마시며 사업 이야기로 꽃을 피웠었다. 갈등이 생긴다. 그래도 한번 부딪쳐나 보자는 생각으로 전화를 걸었다.

"제가 차지하는 매출 부분이 몇 % 되죠? 거래를 중단하면 형님에게 피해가 크나요?"

"20% 정도 돼. 별로 피해는 없어."

"그럼 제가 A 아크릴사 인수하고 싶습니다. 모자란 부분 서로 협력하면 좋겠고, 우리 쓸 것만 생산하겠습니다. 다른 사람이 인수하게 되면 경쟁자는 그대로 남는 거고, 제가 인수하면 형님도 경쟁 업체가 없어지니 좋지 않겠습니까."

"그렇게 하게……."

생각보다 쉽게 의리를 지키며 A 아크릴사 인수 작업에 착수했다. 소기업이라서 만만하게 보았는데, 예상치 못한 수많은 재료와 기계들이 선박을 통해 들어왔다.

인수금 이천삼백만 원과 필요한 재료와 이층 조립식 건축비 등을 합하면 투자금이 오천만 원에 달했다. 금형을 맞게 손질하고 아크릴 팀을 만들기 위해 직원을 더 고용해야 했다.

기술 이전을 위해 A 아크릴사 사장님에게 숙식을 제공하며 생각지 못한 자금이 또 들어갔다. 1990년대 초였으니 단일 품목 투자로서는 큰돈이었지만 미래를 생각하며 해결해 나갔다. 특히 B 아크릴사엔 없는 금형도 있어서 일이 더 편했다.

몇 개월이 흘렀다. 밀린 주문을 감당하느라 야근까지 해야 했다. 날로 발전했다. 동종 업계에서 계속 거래처가 우리에게 유입되었다. 자금도 여유로웠다. 아크릴 상자 생산으로 생산비에서 차이를 보이자 다른 업체에서 경쟁은 엄두도 내지 못했다.

B 아크릴사 사장님이 온다는 소식도 없이 찾아왔다. 반가움에 횟집에서 술잔을 비우고 있었다. 갑자기 일어나더니 무릎을 꿇는다.

"동생, 나 좀 살려 주게. 직원이었던 처남마저도 일이 없어 공장을 떠났네. 내 자존심 때문에 동생 물음에 60%를 20%로 말했는데, 그 후 동생이 거래처가 늘어날 때마다 자연히 내 매출은 더욱 급감했네."

B 사장님은 가내공업 형태에서 처남과 또 한 사람의 직원을 쓰고 아크릴 상자를 만들었었다. 세 가정의 밥줄인 셈이다. 내 의도는 아니었지만, 결국 나로 인해 세 가정이 어려움을 겪게 되었다. 자의든 아니든 피해를 준 것에 대하여 스스로 용납할 수 없을 만큼 미안했다.

거금을 들인 아크릴 사업을 중단했다. 남은 재료를 무료로 모두 B 아크릴사로 보냈다. 기계들은 동네 청년회에서 고물을 수집할 때 줘 버렸다. 욕심으로 나 혼자 돈을 벌겠다는 미련을 아예 접어버렸다.

그 후 B 사장님과 의형제를 맺었다. 제주도와 부산이라는 삶의 터전이 달라서 자주 만나거나 술잔을 기울이지는 못했다. 하지만 하루에 세 번 형님의 전화를 받았다.

"동생은 나보다 더 바쁘니까 전화는 내가 하게 해 줘." 하는 부탁에 받기만 했다. 늘 구수한 바리톤으로 들려오던 그 목소리.

"동생, 밥 묵었나?"

그 형님은 몇 해 전에 유명을 달리했다. 6 · 25둥이었던 B 사장님은 늘 배고픔에 시달렸다고 한다. 그래서인지 하루 세 번 끼니때가 조금 지나면 내게 전화하는 것을 잊지 않았다.

넉넉한 생활 한번 펴 보지 못하고 이승을 떠난 형님이 저승에서는 배고프지 않기를.

(2016)

샛어머니

숙부님 댁 제삿날이다. 아내는 조반상을 물리자 분주하게 움직인다. 온종일 숙모님과 함께 제수를 장만하러 가야 하기 때문이다. 숙부님과 숙모님의 제사 음식 차리기는 지나칠 만큼 지극 정성을 들인다. 적炙 만 해도 쇠고기, 돼지고기, 상어고기, 오징어는 기본이다.

정성을 들인 기증편, 시루떡, 송편, 기름떡 외에도 방앗간이나 전통 빵집에서 사 온 빵이나 떡이 추가된다. 손수 만들어야 하는 여러 가지 전은 물론 채소들도 정갈하게 준비하고 참석하는 친인척과 이웃에게도 나누어 줄 만큼 넉넉하게 만든다.

아홉 번의 기제와 명절을 위해 제수를 준비하고 만들기에 아내는 손수 꼬박꼬박 챙겨 갔다. 무더운 여름에 집중된 기일이 많아 뜨거운 불 가까이에서 음식을 만드는 것이 힘들 텐데도 아내는 싫은 내색은 커녕 제 할 일을 하는 양 즐겁게 다녀온다.

아내는 그른 것은 못 보는 성미다. 흉허물 없는 사람 없다는데, 웬만해서는 마음에 드는 사람이 별로 없다. 그런 아내가 숙모님께만은 예외다. 나눠 먹을 음식이 생기면 우선 챙기고 건강을 염려하고 마음의 불편함까지 걱정하며 산다.

숙모님은 사람을 끄는 힘을 가진 분이다. 큰 키에다 빼어난 미모다. 아마 젊었을 적에는 남자들을 여럿 울렸을 것이다. 하지만 미인이라 할지라도 행동거지가 올바르지 못하면 금방 싫어지는 게 사람이다. 숙모님은 미인이라서 사람을 끄는 것과는 다르다. 부덕婦德을 겸비한 데서 사람을 끄는 묘한 힘을 지닌 것 같다.

총각 때 숙모님이 부탁을 해오셨다. 집에 여러 가지 불편한 점을 손보아 달라는 거였다. 워낙 자잘한 일이 많아서 누구에게 맡기는 것도 어려움은 있었겠지만, 조카에게 부탁하고 싶은 정이란 것 때문이라 생각하며 선뜻 그러겠노라고 대답을 했다.

일하는데 숙모님께 의향을 물으면 "네가 잘 알 터이니 알아서 해라." 부분적으로 마무리할 때마다 고칠 점 말씀하시라고 하면 마냥 좋다고 하시며 미소를 머금고 바라보고만 계셨다.

전문가도 아닌 내가 하면 얼마나 잘했겠는가. 내가 보기에도 어설픈 점이 많았지만, 시종 잘했다는 칭찬 일색이다. 힘들어도 더 할 일 말씀하시라며 보챘다. 뭘 해드리고 싶은 마음이 들게 하는 미더움에 마음이 끌리는 어른이다.

지나다가 인사차 들러 볼 때나 보잘것없는 먹거리라도 나누어 드리려고 찾아갈 때면 우선 밥상부터 차리신다. 누구에게든지 넉넉히 배려하고 베푼다.

낚시를 다녀오다 고기가 잡히면 들르기도 하고, 워낙 자리돔 물회를 좋아하셔서 가끔은 숙부님 내외분께 드리기 위해 일부러 낚시를 갈 때도 있었다. 보잘것없는 물고기를 드려도 밝은 웃음으로 맞아주시는 두 분께 뭔들 못 드리겠는가. 칭찬과 진심 가득 고마움을 담고 바라보시는 눈을 보면 고래라도 잡아다 바치고 싶어진다.

기제가 끝나고 집으로 돌아오면 냉장고가 가득 찬다. 몇 날을 두고 반찬으로, 간식으로 먹어야 음식이 동난다. 음식을 먹을 때마다 생각나게 하는 분이다.

아내는 종갓집에서 자랐다. 장모님이 워낙 깔끔하신 종부라서 많은 사람의 존경을 한몸에 받았다. 그런 모습을 보고 자라서 정성을 다하는 숙모님 모습이 익숙함도 있겠지만, 숙모님이 좋아서 따르는 것은 왜 없겠는가. 숙모님의 배려하는 마음과 아랫사람이라고 무시하거나 함부로 대하지 않는 당신의 천성 때문 아닐까. 작은 일도 숙모님은 아내에게 의견을 구하고 조카며느리의 의견도 존중해 주고 믿고 맡겨 주는 데서 존경을 받는 것일 게다.

10여 년 전 숙부님이 암으로 수술을 받으셨다. 투병하시는 숙부님을 수발하는 데도 갖은 정성을 다 쏟으셨음은 물론이다. 3기 암을 이겨 낸 밑힘이 바로 숙모님의 사랑과 정성이 아니었나 생각해 본다.

아들 둘에 딸 하나를 두셨다. 모두 똑같이 숙모님과 숙부님처럼 어질고 착하다. 마음이 여리고 욕심도 없다. 작은아들이 피치 못할 사정으로 이혼했다. 이혼한 작은며느리는 제사 음식 준비를 위해 꼬박꼬박 다녀간다. 아내에게 음식 준비를 하면서 했다는 말이다.

"아버님, 어머님이 너무 좋은 분들이라 발길을 끊지 못합니다."

작은며느리의 어진 마음도 있지만 두 분의 심성을 잘 말해 주는 게 아닐까.

제주도에서는 아버지 동생 부부를 일러 샛아버지, 샛어머니라 부르고. 그 아래 동생들이 더 있으면 작은아버지, 말젯아버지라 부른다. 제주어가 주는 정감 있는 그 말이 나는 참 좋다. 특히 존경하고 좋아하는 두 분을 떠올리면 기분이 좋아진다.

늘 건강하시길 빌면서 살그머니 불러본다.

'오래도록 계셔 줍서. 샛어머니, 샛아버지.'

(2016)

세상에서 가장 맛있는 수박

아침부터 날씨가 우중충하니 비라도 곧 쏟아질 것 같다. 농사꾼에게 비 오는 날은 공치는 날이지만 할 일이 밀려 있어 하늘을 바라본다. 열다섯 살 때부터 15년 동안 써 온 시와 일기 노트를 꺼내 하나하나 읽어 보고 있었다. 과거에 쓴 글을 읽는 재미가 쏠쏠하다. 어디서 얻어 온 수박인지 달콤하고 시원한 게 후텁지근한 초여름 더위를 식혀 준다.

창밖에서 비 오는 소리가 들리기 시작하더니 소나기로 바뀐다. 큰비가 내리자 밀린 일 때문에 마음 졸이던 방금 전 망설임이 완전히 가셨다. 일은 포기하고 시 몇 편 써 보자고 자세를 가다듬었다.

창문으로 검은 그림자가 다가오더니 나를 부르는 소리가 들렸다. 문을 열어 보니 친구의 어머니가 근심스러운 얼굴을 하고 서 있다. 현관으로 들어오기가 미안하여 밖에서 말을 한다는 어머니를 굳이 들어오시게 했다. 현관에 서서 어머니는 한동안 망설이다가 말문을 여셨다.

며칠 전에 아들이 경찰서로 연행되어 갔다는 것이다. 놀란 마음을 진정시켜 차근차근 물어보니 문제가 심각했다. 지인들과 술을 마시다 말싸움이 커져서 주먹 싸움이 되었고, 화를 참지 못한 나머지 각목으로 때린 것이 팔이 골절되어 고소를 당했다고 한다. 전치 8주 진단이 나왔다고 하니 구속은 불가피하다. 감형 받을 방법을 찾아야 할 것 같다.

북제주군 소유지 땅을 임대한 작은 집에 사는 친구와 어머니로서는 변호사를 선임할 돈이 없다. 도움이 될까 하는 생각으로 법대를 나왔다는 내가 떠올라 찾아왔다는 거다. 힘껏 해 보자고 말씀드리자 눈물을 흘리시며 고마워하신다. 내가 무슨 힘이 될까마는 할 수 있는 데까지는 해봐야겠다는 결심이 섰다.

경찰서로 찾아갔다. 담당 형사의 말로는 합의가 안 돼 있어 절차상 우선 합의가 필요하다고 했다. 합의가 된다고 해도 고소장에 8주 진단서가 첨부되어 형은 피하기 어려울 거라 한다. 그 말을 듣는 순간 어머니의 얼굴은 흙빛으로 변했다. 난감했다. 합의금도 없고, 변호사

구할 돈은 더욱 안 되고…….

어머니를 안심시키며 음식점으로 가서 저녁을 사드리고 모셔갔다. 집으로 돌아와 온 정성을 다하여 탄원서를 작성했다. 판사님께 친구의 효심과 진한 우정, 의협심, 나이 많은 어머니와 어린 동생들, 어린 조카들의 생계까지 책임져야 할 사유를 조목조목 적었다. 그리고 먹을 쌀을 살 돈도 없는 처지여서 피해자가 요구하는 합의금을 준비 못하는 사정과 변호사 선임할 여유가 없다는 사연도 적었다. 동네 사람들과 내가 아는 사람들 100명의 서명을 받아 제출했다.

경찰서 유치장에서 한 달 간 구류 후 교도소로 이감되었다. 어머니는 하루도 빠짐없이 아들을 찾아갔다. 면회가 끝나고 돌아서는 어머니의 발길은 얼어붙어 있어 등을 떠밀다시피 하며 교도소 문을 나서야 했다.

재판이 열리던 날 불안한 가슴으로 앉아 있기가 어려워 고개를 숙인 어머니, 나 또한 걱정을 안고 법정 참관인 자리에 앉았다. 앞에 사건이 두 개가 있었고, 중형이 선고되는 삼엄하고 위압감이 드는 재판 과정을 보는 어머니는 이미 사색이 되어 있다.

차례가 되었다. 판사가 합의가 안 된 점을 우선 물었다. 깁스하고 방청석에 앉아 있는 피해자가 친구를 바라보며 냉소를 짓고 있는 모습이 보인다. 최종 판결문을 읽는다.

“징역 삼 년에 처한다. 다만 초범이고 탄원서를 보니 성실하게 살아온 과거와 어머니와 동생, 조카들의 생계를 책임지고 있어 사정이

딱한 점을 참작하여 형을 유예한다." 집행유예로 친구는 풀려났다.

무거운 마음의 짐을 벗었다. 한 달 이상을 친구 일로 쫓아다니다 보니 할 일도 많이 밀려 있었다. 여름인가 싶던 계절이 그새 가을맞을 준비하고 있었다. 오랜만에 가뭄을 해갈하는 소나기가 내린다. 초여름에 보다가 덮어 버린 시 노트를 다시 폈다. 현관에서 나를 부르는 낯익은 소리가 들린다. 나가 보니 친구 어머니가 밝은 미소를 머금고 서 있었다. 손에는 커다란 수박 한 덩이가 들려 있었다. 고생 많이 시키고 당신 점심까지 사 주며 좋은 결과 보게 해줘서 고맙다 하신다.

가족 모두 둘러앉아 세상에서 가장 맛있는 수박을 먹었다. 친구 녀석이 고맙다는 전화가 왔다. 다시는 그런 일 없을 거라며 울먹인다. 친구의 훌쩍이는 눈물이 꿀이 되어 수박에 녹아들고 있었다.

(1986)

천사와 마녀

에메랄드빛 바다가 싱그럽다. 버스는 연안을 정화할 장소로 해안도로를 미끄러지듯 달린다. 음악도 좋고 날씨도 맑다. 옆에 앉은 봉사협의회 부회장님과 스스럼없는 담소를 나눴다.

“퇴임하자 집사람 잔소리가 심해져서 못 살겠더라. 천사가 마녀가 되어 버렸어. 과수원에 컨테이너 하나 들여놓고 그곳에서 먹고 사니 마음은 편해. 자네 집사람은 잔소리 안 하나?”

대답 대신 미소를 보내며 뜻밖에 과거로의 시간 여행이다.

오후 세 시가 다 되어 간다. 도목수의 눈을 피해 슬며시 자리를 떠 공사현장 옥상으로 올라갔다. 목을 길게 빼며 동문시장 뒤쪽 가파른 골목길을 바라보았다. 기다림은 오래 걸리지 않았다. 천사가 나타났다. 힘든 노동에 지친 가슴이 울렁거린다. 힘겹게 국수 그릇이 들린 바구니를 양손에 들고 올라오는 모습이 안쓰러워 달려 나갔다. 바구니 하나를 받아들자 천사는 살포시 미소를 머금고 바라본다.

공사현장으로 들어서자 나만 기다린 것이 아니었다. 여러 목수들이 밝은 얼굴로 인사하며 천사를 맞이한다. 빙 둘러앉아 맛있게 국수를 먹었다. 양도 넉넉하고 열두 살 어린 내 것도 어른 것과 똑같은 양이다. 천사는 이마에 맺힌 땀을 닦으며 현장을 찬찬히 둘러본다.

천사가 바라보는 앞에서는 일하는 손도 신난다. 어쩌다가 잘못된 것을 지적하거나 요구 사항은 즉시 반듯하게 잡혀 가고 작업이 바로 진행되었다.

모두가 사모님을 천사라 생각하며 좋아했다. 새로 짓는 양옥집 주인이라는 거만함은 찾아볼 수 없었고, 늘 낮은 자세로 일꾼을 대했다. 다섯 시쯤 먼저 돌아가는 천사가 사라질 때까지 옥상에서 손을 흔들며 바라보았다. 호주머니에는 10원짜리 지폐가 천사의 마음을 대신하고 있었다.

오후 세 시가 다 되어 가는 바로 맞은편에 있었던 또 하나의 공사현장. 옥상에서 작업하는 가슴이 불안하다. 책잡힐 일이 없나 둘러보는데 마녀가 나타났다. 국숫집 아주머니가 힘들게 바구니를 머리에 이고 뒤를 따라온다. 빈 걸음걸이에 돈 있다는 거만함이 잔뜩 묻어나온다.

국수 양이 적다. 힘든 노동에 휴식과 함께 유일한 참을 모두가 기다렸는데 보는 눈이 즐겁지 않다. 내 것은 어린이용으로 더 양이 적다. 모여 앉아 국수를 먹는다. 맛도 별로다. 공사 현장을 둘러보고 오더니 국수를 먹는 도목수에게 잘못을 지적하고 잔소리를 퍼붓는다. 늘 작은 언쟁이 있어 온 터라 이번에도 국수를 먹는지 잔소리를 먹는지 모른다. 먹다 만 국수와 조금씩 남긴 희멀건 국수가 구석에 버려졌다. 만족감도 없고 국수를 무척 좋아하던 어린 내 눈에 버려진 국수가 아깝지도 않았다.

마녀의 감사가 시작되었다. 집 짓는 전문가도 아니면서 사사건건 트집을 잡는다. 목수들은 바로잡으라는 사항을 딴청 피우거나 뒤로 미룬다. 못 하나를 박아도 정성이 안 들어갔다. 심지어는 표 안 나게 대충 시공하며 몽니를 부리는 목수도 있었다. 목수들이 말을 잘 안 들어주자 화가 나는지 또 내게 불호령이다. 정리가 엉망이라며 미장공이 쓰고 있는 필요한 자재를 치우라고 명령한다. 일하는 공사 현장인데 생각이 있는 사람인지, 집주인이 맞는지 어린 내 눈에도 한심스러웠다.

천사 사장님이 지나다 들렀다며 오셨다. 사 오신 찐빵을 먹으며 웃음꽃이 핀다. 배의 엔진을 수리하는 사업도 잘된다며 넉넉한 미소가 멋지다. 여유로워 보이는 마음씨와 간편하면서도 깔끔한 입성이 보기가 좋다. 속으로 천사가 있어 그런 거라고 생각해 본다.

사장님이 돌아간 다음에 우리끼리 일하며 이야기꽃을 피웠다. 스물다섯 살 총각 목수 형이 사모님 같은 여자만 나타난다면 당장 결혼하고 싶다 말한다. 도목수가 꿈 깨라며 웃는다. 가정이 행복하고 사업이 잘되려면 아내를 잘 두어야 한다는 생각으로 모두 천사를 감싸는 분위기다.

마녀의 집 공사가 천사의 집보다 뒤처졌다. 검은 승용차가 오더니 검은 양복 차림의 사장님이 헐레벌떡 달려온다. 큰목수에게 공사가 늦어지는 이유를 따진다. 사모님이 요구한 사항들이 까다로워 어쩔 수 없다는 말에 짐작이 가나 보다. 아내를 흉보다가 부동산 사업도 힘들다는 말을 하며 불평을 늘어놓는다. 항상 검은 양복 상의를 어깨에 걸치거나 손에 들고 다녔다. 구김이 보이고 와이셔츠도 그리 깨끗해 보이지 않았다. 도목수에게 잘 부탁한다는 말을 남기고 마녀의 남편은 황급히 떠났다.

다소곳이 미소를 머금고 남편을 믿음으로 바라보는 아내, 그 아내에게서 힘을 얻는다는 천사의 사장님. 잔소리와 사건을 만들어 피로를 더해 주는 아내, 그 아내로 인해 헐레벌떡 달리며 쫓기는 삶을 사는 얼굴 찡그린 마녀의 사장님이 늘 비교되어 떠오른다.

늘그막이 되면 아내의 잔소리가 부쩍 많아진다고 한다. 조금만 더 서로 이해하려 하고 보듬어 주며 살면 좋을 텐데…….

오늘 아침 아내의 잔소리를 떠올리며 예전보다 많아졌는지 그대로인지 계산하느라 머릿속이 분주했다.

(2016)

할머니 집 들창

작은 초가집, 조그만 들창으로 보이는 큰 세상은 신기하기만 했다. 푸른 하늘을 나는 새도 달라 보였고, 파란 바다와 돛단배는 그림 같았다. 뒤뜰의 감나무와 복숭아나무가 탐스레 열매를 키워내고 있는 모습은 한 폭의 풍경화였다. 할머니 베개를 밟고 올라서서 힘들게 고개를 내밀어야 했지만 그런 건 문제가 아니었다. 턱을 괴고 아스라이 보이는 바다를 바라볼 때 아늑함을 안겨주었고, 밤이면 들창을 통해 들려오는 풀벌레 울음은 아름다운 음악회가 되어 주었다.

환갑을 바라보는 나이가 되어서야 회상할 수 있는 여유가 생긴 것일까. 내 어린 시절에 밖을 바라보던 들창을 살며시 들여다본다.

할머니가 앙증맞은 작은 베개를 만들고 있다. 바늘에 하얀 실을 기다랗게 꿰고 깡마르고 자글자글 주름 잡힌 손이지만 익숙한 손놀림으로 바느질을 한다. 옆에는 일곱 살 아이가 신기한 듯 바라보고 있다. 바늘이 베갯잇을 통과해 하늘로 오르고 다시 베갯잇으로 갈 때마다 아이의 머리와 눈은 은색 바늘에 들리기라도 한듯 따라 움직인다. 종종 바늘 끝이 무뎌 잘 안 들어간다며 머리에 문지를 때도 아이의 눈은 놓치지 않는다.

할머니는 바느질하던 손을 멈추고 손주의 탱탱한 볼을 살며시 꼬집고는 이마를 맞대며 "내 송아지, 내 강아지."를 연발한다. 가슴속에 담고 있는 사랑이란 사랑은 다 꺼내 주어도 안 찬다는 표정이다. 갑자기 꿰매던 베개를 밀쳐 내고 품속을 파고든 아이가 할머니 팔을 목에 감고 어리광을 부린다. 꼭 끌어안는 할머니 품 안은 세상에 어떤 두려움도 무서움도 없는 곳이다.

가끔 찾아오는 어린 손주를 위하여 할머니는 시골 오일장에서 메밀 껍데기 한 되를 샀다. 무명천 조각들을 이어 붙여 만든 베개를 빳빳하게 풀 먹인 광목천으로 베갯잇을 만들어 끼우고 마무리한다. 할머니 사랑이 담긴 깔끔하고 널널한 베개를 받아들고는 베었다가 안아 본다. 할머니 팔베개보다는 못하지만 이게 제 것이란 생각에 기쁨은 곱절이다.

책가방을 풀어 방학 숙제를 꺼낸다. 무심결 할머니 앞에서 기특하고 착한 모습을 보이고 싶어진 것이다. 물끄러미 미소를 머금고 바라보지만 할머니는 글을 모른다. 하지만 아랑곳않고 자랑스레 공부를 시작한다. 이 손주가 집안을 일으켜 세울 거라는 믿음을 가지고 한동안 바라보던 할머니가 "공부하고 있으면 부추전을 해서 가져오마."며 자리에서 급히 일어난다.

할머니가 방을 비우자 주변이 휑하게 텅 빈 것 같다. 자랑하고 싶은 대상이 없는 공부는 재미가 없어져 버린다. 할머니 손때에 전 반짇고리를 바라보다 눈이 빛난다. 실패를 꺼내 든다. 만들기에 남다른 손재주가 있는 아이는 막대에 쓰다 남은 고무줄을 묶어 끼우고, 양초 조각을 넣어 장난감 수레를 만들었다.

할머니가 양은 냄비뚜껑에 부추전을 받쳐 들고 오셨다. 학교에서 만들어 오라는 숙제라고 거짓말을 하며 멋쩍게 웃는다. 수레를 가지고 노느라 정신없는 아이에게 할머니는 앉은걸음으로 따라다니며 부추전을 먹인다. 볼이 맹꽁이 배같이 부풀어 오르고 사그라지고를 수없이 반복했지만, 당신은 먹지 않고 연신 손주에게만 먹이려고 애를 쓴다. 장난감에 정신이 팔린 아이는 제비 새끼처럼 받아먹기만 한다.

놀이에 바쁘고, 먹기에 바쁜 긴긴 여름 한낮이 열기를 뿜고 있었지만, 초가집 지붕 그늘에 가려진 할머니 방은 서늘하기만 하다. 북쪽의 작은 들창으로 들어온 하늬바람은 남쪽 앞문으로 나가며 들어오려는 더운 열기를 밀어 내고 있다. 복숭아나무에 매달린 매미 울음소리도 더위를 쫓는 데 한몫을 한다.

할머니가 꼭꼭 걸어 잠근 반닫이 자물쇠를 열었다. 작은 서랍에서 조각 천에 싸인 1원짜리 두 장을 아이의 호주머니에 넣어 준다. 좋아라 하는 아이를 껴안으며 눈물 한 방울을 또르르 떨어뜨린다.

밖에서 보면 작고 초라하기 짝이 없는 들창이었다. 머리를 내밀고 발돋움하면 작은 어깨가 맞닿았던 들창, 갑갑했던 방을 나오고 싶어 하던 또래와는 달리 할머니 집 들창을 좋아했다. 나만의 방식으로 들창을 통해 세상과 소통하려 했는지 모른다. 구름이 흘러감도, 별들의 반짝임도 밖으로 나가서 바라보기보다는 들창을 통해서 보고 싶었다. 열여섯 살까지 들창으로 들어오는 자연을 시로 노래해 왔다.

헐려 버린 할머니의 옛집. 들창은 사라졌지만 또렷한 기억 속에서 그리움, 사랑, 서정적인 사연들을 사유 속으로 키워 왔다. 지금 생각해보니 할머니 집 들창만이 제 몫을 한다는 것을 알게 되었다. 집을 지으며 다락방에 작은 밀문을 달았지만 10년 동안 그 창을 통해 밖을 본 적이 없다는 것을 깨달았다.

할머니는 돌아가셨지만, 들창과 함께 내 추억 속에 남아 글밭이 되어 주셨다.

(2010)

4부

늙은 경운기

늙은 경운기

가뭄으로 땅이 바짝 말랐다. 아내가 가뭄으로 늦어지는 마늘을 심어야 한다며 걱정이다. 집에서 먹을 적은 양이라서 물을 주면 된다. 갈아 볼 요량으로 경운기에 시동을 걸었다.

힘차게 돌려주지 못한 탓에 한 번에 걸리지 않는다. 두 번 만에야 "통통 통통" 숨소리를 내며 돌아간다. 늘 시동이 걸릴 때마다 '아직 살아있었구나.' 안도하며 버릇대로 이곳저곳을 훑어본다.

밭갈이용 갈퀴에 얻어맞은 땅이 뽀얀 먼지를 일으키며 무너져 내린다. 금세 경운기도 나도 흙을 뒤집어쓰고 노인네 걸음으로 느릿느

릿 앞으로 나아갔다.

100년 만의 무더위라 하는 등 세상은 폭염과 싸우는 중이다. 충청도 지방은 가뭄으로 제한 급수를 한다 하고, 4대강사업으로 오염 운운하면서도 그 물을 끌어가기 위한 지자체의 움직임도 아이러니하다. 그에 비하면 수돗물을 받아 유기산 미생물 발효액을 넣어 경운기 동력 분무기로 작물에 뿌려 주는 나는 행복한 농부다.

열아홉에 경운기를 처음 샀다. 반짝반짝 빛나는 새 경운기는 제주 시내에서 우리 마을까지 15킬로를 달렸다. 옆을 스쳐 지나가는 멋진 승용차도 부럽지 않았고, 다른 사람이 볼 때는 답답할 만큼 느린 속도였겠지만 내가 느끼는 속도는 바다 위를 미끄러지는 보트처럼 빨랐다. 버스 속에서 바라보는 꼬마에게 손을 흔들어 주는 여유도 부리며 집에 도착했다.

가난한 우리 집에 경운기는 큰 재산이었다. 소를 24만 원에 팔고 13만 원을 더하여 37만 원에 사들였다. 정부 융자가 37만 원. 그리고 필요한 부속품을 덧대니 98만 원 들었다. 소 네 마리 값이 넘는 재산이다.

바로 다음 날부터 경운기로 해야 할 일이 태산이다. 밭갈이, 짐 운반, 탈곡, 농약 살포. 농가에서는 절대 필요한 기계였다. 애마(?) 경운기로 돈을 벌기 시작했다.

일 년에 두 번 밭갈이와 탈곡을 할 때면 사람들이 시기를 놓치지 않으려고 줄을 섰다. 남자 하루 일당이 4,000원 할 때였다. 샛별을 보며 시작한 밭갈이는 저녁별을 보며 끝이 났지만, 다섯 개의 밭을 갈면 하루에 2만 원이 손에 들어왔다. 탈곡을 하면 일 년 치 양식인 보리쌀이 생겼다. 소꼴을 실어 주고, 거름도 운반해 주고, 과수원을 조성할 때나 묘지 이장이 있을 때는 임대로 계약하여 돈을 받았다. 나와 경운기는 못하는 일이 없었다.

돈이 호주머니마다 들어 있고, 책갈피에 넣어 둔 돈을 잊고 묻어 둘 정도였다. 비가 오는 한가로운 날, 책꽂이의 책을 털면 돈이 우수수 떨어졌다. 그렇게 번 돈으로 해마다 귤밭을 늘려나갔다.

5개년 계획 두 번이 지나기도 전에 다짐했던 일만 평의 귤밭을 만들어 놓은 스물일곱, 제주도 귤 총 생산량의 만분의 일을 생산했다. 수천만 원이던 빚도 다 갚았다. 늘 함께해 온 경운기가 도와준 결실이었다.

자신을 돌아보게 되었다. 이듬해부터 남의 밭일을 줄이고 공부를 시작했다. 늦깎이 공부가 달콤하게 다가왔다. 공부는 주경야독을 넘어 비 오는 날과 일요일에도 몰두했다. 부족하다 생각한 공부는 어찌 된 일인지 해도해도 한도 끝도 없었다.

경운기와 한몸으로 살았는데, 공부로 소원해 갔다. 삶의 구도가 또 바뀌었다. 사업으로 과수원을 그만두면서 더욱 할 일이 없어진 경운기는 급속하게 낡아 갔다.

다시 지천명에 시작한 환경과 보건학을 공부하며 식품위생과 미생물학을 따로 독학했다. 미생물 활용 연구와 지원, 환경과 서예 강의로 바빠 더욱 텃밭 농사에만 전념할 수밖에 없었다. 가끔 텃밭을 일구려고 점검할 때면 이곳저곳 삐걱거리며 아픈 소리를 냈다. 부식된 모습은 허물을 달고 상처를 치료해 달라 손을 벌린다. 가끔 녹슨 철을 털어내고 구멍 난 곳은 용접하여 때웠다.

오늘도 내 손길을 그리워하던 40세에 접어든 경운기가 덜덜거리며 땅을 판다. 어느 부분이 떨어지면 교체하는 대신 내 손으로 용접하여 부리다 보니 덕지덕지 나이 먹은 만큼 보기도 흉하다. 다른 이들은 고물로 두 번도 더 처리했을 세월 동안 나와 함께 살아온 경운기.

밭갈이하면서 늙은 경운기가 혹여 탈이라도 날세라 조심스럽게 다룬다. 어느새 내 나이도 환갑이다. 도토리 키 재기하듯 누가 나이 많은지 견주어 보다 피식하고 혼자 웃고 만다.

밭갈이를 잠시 멈췄다. 냉각기가 낡아 조금씩 새는 물을 보충하고 경운기를 쓰다듬는다. 그리고 나와 갈 수 있는 날까지 함께하자고 약속한다.

'경운기 할아범, 우리 힘내서 일 마무리합시다.'

다시 시동을 건다.

굴메

생태교육자들의 여름 야유회가 있었다. 시원스러운 바닷가에 자리를 잡았다. 커다란 천막이 만들어 준 그림자 밑에서 시원한 냉수박을 먹는다. 강한 햇빛이 다가오면 슬며시 자리를 옮기며 숨바꼭질을 한다. 누군가 그림자의 소중함을 느꼈는지 제주어로 그림자가 무엇인지를 묻는다. 갑작스러운 질문에 답을 못하는 사람들 속에서 빙그레 미소 지으며 마음속으로 '굴메'[1]라고 말한다.

---

1) 그림자(제주어)

한여름에 그림자를 볼 때면 생각나는 아이가 있다. 지금은 하늘나라에 살고 있는 그가 굴레의 아픈 사연을 떠올리지 않았으면 좋겠다는 마음을 전해 본다.

그림자가 짧아진 오후 한낮이다. 중학교 1학년 때 프로 야구팀(?)을 만들었다. 자금이 필요한 우리 팀은 우슬초를 캐어 자금을 마련하기로 했다. 우슬초를 캐러 가자는 아이들이 좀처럼 오지 않는다. 아이들을 기다릴 겸, 무더운 여름 햇볕을 피할 겸, 동구 밖 멀구슬나무가 있는 곳으로 나갔다. 매미가 반기는지 윙윙거리며 목청을 돋운다. 시원스러운 바다는 저 멀리서 유혹한다.

기다리는 아이들은 오지 않고 옆집 아저씨가 나무그늘로 와서 앉더니, 호미랑 비닐포대를 보며 "약초 캐러 가려는구나. 너무 더우니 두어 시간 있다 가거라. 더위 먹을라." 하신다.

아저씨는 6·25참전 상이용사다. 한쪽 눈을 늘 안대로 가리고 살았다. 어쩌다 흐르는 눈물을 닦을 때 본 눈은 벌겋게 충혈되어 있곤 했다. 전쟁 때 다친 이야기를 해 달라고 졸랐다. 말이 없으셨던 분인데 그날따라 흔쾌히 입을 여셨다.

"후퇴하는 북한군을 따라 총을 쏘며 쫓아가고 있었지. 콰앙 하는 큰 소리와 함께 북한군이 던진 수류탄이 터졌어. 그리곤 의식을 잃었는데 깨어 보니 임시 국군병원이었다. 천막으로 햇볕만 가린 그늘이 전부인 그곳은 부상자들이 신음하며 괴로워하고 있더구나. 군의관이 오더니 몸 이곳저곳에 박힌 많은 수류탄 파편을 제거했다고 하더라. 그런데 눈에 박힌 파편은 위험해서 제거하지 못했다고 했어. 눈 수술은 워낙 어려운 부분이라 힘들었었나 보더라. 지금도 마찬가지겠지만……. 시원스럽게 세상을 볼 수 있다면 한이 없겠다."

"의술이 좋아지면 그렇게 될 거예요." 하는 내 말에는 별다른 반응도 없이 말을 이어 가셨다.

"명예 제대를 하고 돌아와 보니 전사자로 되어 있었다. 약혼자는 내가 죽은 줄 알고 다른 남자랑 살고 있더구나. 다른 남자 아이를 임신하고 돌아온 아내와 많은 자식 낳고 이렇게 매일 울면서 살고 있단다. 모두가 밝은 햇빛을 보며 사는데, 내 인생은 저 '굴메'처럼 어두우니 낙이 없구나……."

재미있는 전쟁 이야기를 기대했는데 가슴 아픈 굴메 사연만 듣고 말았다. 일을 제대로 할 수 없었는지 작은 밭 하나만을 경작했다. 아들 넷 딸 둘을 키우며 작은 밭에서 수확한 보리와 콩으로 여덟 식구가 살고 있다고 했다. 상이군인에게 주는 연금이 유일한 수입원이지만 많지 않은 액수라 한다.

며칠 전에 나보다 두 살 아래 둘째 아들이 투덜거리는 말을 귀 넘어 들었다. 그 아이의 행동을 이해하지 못하고 웃으며 바라보았었다.

"굴메가 여기까지 오민 정심밥 먹어 신디, 이젠 먹지 말렌. 아, 배고파. 성은 정심 먹언?"[2] 하며 그 아이는 공동 수도꼭지에 입을 대고 벌컥벌컥 물로 배를 채웠다. 그리고는 재빠르게 멀구슬나무 그늘로 들어오기를 반복했다. 얼마나 배가 고팠으면 그리했을까……. 사연을 알고 나서 그 모습을 떠올리니 가슴이 아프다.

여러 해가 지났다. 옆집에는 손주도 태어났다. 상해 연금도 많이 올랐다 하고 보건소 직원과 봉사자 차량도 자주 보였다. 초등학교 5학년이 된 그 집 막내가 자랑처럼 말했다.

"이제부터는 우리도 정심 먹기로 했다. 성, 정심 먹언?"[3]

푸른 바다와 맞닿은 하늘을 바라보며 몰래 한숨을 짓는다. 그 둘째 아들은 트럭 운전사로 일하다가 스물둘이란 한창 나이에 교통사고를 당했다. 저세상으로 가기까지 풍요로움을 모르고 살았던 또 하나의 굴메진 인생을 떠올리는 내 마음 위로 긴 굴메가 진다.

할머니 집으로 이사를 오자 담 하나를 사이에 둔 사이좋은 이웃이 되었다. 세월이 흘러 반백의 나이가 되었을 때 설 인사차 갔던 자리에서 점심을 거른 이유를 듣게 되었다.

"초등학교 저학년 때는 한창 자랄 나이여서 점심을 먹였다. 그러다 어느 정도 키가 자란 고학년이 되면 보리쌀을 아끼려고 점심을 거르게 했었지. 아이들에게 많은 죄를 지었다."

아픈 눈에 눈시울을 붉히며 고백한다. 그렇게 옆집은 어려웠다.

---

2) 정해진 물체의 그림자가 정오를 가리키는 시간에 점심을 먹었었는데, 이제는 먹지 말라 한다. 아, 배고파, 형은 점심 먹었어요?

3) 지금부터 우리도 점심 먹기로 했어요. 형, 점심 먹었어요?

그 시절 집집이 다들 어렵게 살았지만 그 집은 더욱 어려웠나 보다. 농촌에선 일자리도 흔치 않았다. 가난한 시절과 지역적인 특성 때문에 허드렛일도 구하기가 어려웠던 때였다. 가장 좋은 방법은 소작농을 하는 것인데, 그나마도 밭주인은 노동력을 보며 빌려 주었고 그래서 소작할 밭을 구하기도 힘들었다.

밝은 곳보다 굴메 부분이 더 많은 세상이었다. 사회복지가 잘되어 있다는 지금도 우리 주변엔 '굴메'가 간혹 있다. 그런 곳을 살펴보며 살았으면 좋겠다.

보신탕

"개 삽니다. 큰 개, 작은 개, 모두 삽니다."

확성기를 크게 틀어놓고 지나가는 개장수가 삼복이 왔음을 알리고 있다. 작은아버지가 교통사고로 허약해진 몸을 추슬렀던 음식, 친구들과 계곡을 찾아 휴가를 갔을 때 가장 인기 좋았던 음식이 개고기였다.

오랜만에 지인들과 점심을 같이할 기회가 있었다. 여름이니 보신탕을 먹자고 한다. 좋아하는 음식은 아니지만, 다수 의견에 반대할 수 없어서 잠자코 있었다. 잘 아는 곳이 있으니 가자는 사람 따라 식당으로 들어갔다.

주인은 귀한 단골이 왔다고 여러 가지를 서비스라며 내온다. 특별히 탕 속에 몸에 좋다는 뇌도 넣었다며 웃는다. 몇 수저를 뜨는 동안은 누린내가 났지만, 곧 먹성 좋은 나의 입맛에 무디어져 가고 소주를 곁들이며 어울려 먹었다.

밤새 배탈로 잠을 설쳤다. 다음 날까지 이어지며 병원 신세와 함께 며칠을 고생했다.

개고기는 아직도 다른 가축처럼 관리가 제대로 이루어지지 않고 있는 것이 현실이다. 도축장 시설이 없는 지자체가 많고, 분뇨 처리 등 돈사나 우사 등에 비하면 열악한 편이다. 사육하면서 농장 직영으로 식당을 하는 사람도 더러 있다. 대부분 그 식당에서 나온 음식물 쓰레기인 개고기와 뼈는 먹이로 재사용한다고 식당을 하는 친구에게서 들었다.

불법 도살을 하는 일이 많다 보니 남겨지는 부산물이 다시 개의 먹이로 사용되고 있는 것 또한 현실이다. 병든 개를 먹이로 주는 경우와 병들어 죽은 돼지를 양돈장에서 얻어다 먹이로 사용한다는 것은 내 눈으로 직접 확인한 사실이다.

보신탕엔 동족을 먹은 고기가 있을 거라는 것을 알게 된 후 보신탕을 멀리했다. 그날 우리가 갔던 보신탕집도 사육을 겸하고 있는 것을 알고는 생각만 해도 기분이 개운치가 않다.

광우병도 동족 섭취가 원인이라는 발표가 지배적이다. 일본군들이 전투 식량이 모자라자 밀리환초 섬에서 식인했던 사실을 철저하게 숨기고 있다. 사람이든 동물이든 동족 섭취는 어떤 경우라도 도덕적으로 용납되어서는 안 된다.

오래전 소규모로 양돈 사업을 했었다. 무분별한 정부 시책과 일부 위정자의 흑심이 역대 최악의 돼짓값 폭락으로 이어졌다. 돼지를 기르면 기를수록 손해를 보는 상황이 되다 보니 돈 들지 않는 먹이를 구하는 것이 일과가 되었다.

먹이 구하기 전쟁을 치르는 조카를 보다 못한 외삼촌이 정보하나를 알려 준다. 돼지 지방을 조금씩 먹이면 급성장하고 먹이도 얼마 안 먹는다는 말을 어떤 폐업한 양돈업자에게 들었다며 그리 해보라는 것이다. 단 조심할 것은 한 달 이상 먹였더니 낭충[1]에 감염되는 것 같더라고 하니 알아서 조절해 보라 한다.

고민을 해보지도 않았다. 내 돼지들에게 동족을 먹인다는 것이 용납되지 않았다. 식육점에 가면 얼마든지 버리는 돼지 지방과 부산물을 얻어 올 수 있었지만, 그렇게까지 하고 싶지 않았다.

출하가 가능한 80킬로까지 키울 일이 걱정되었다. 다행히 지인의 도움으로 60킬로 정도 되었을 때 마을에 경조사가 있을 때마다 팔려나갔다. 모두 판매하여 큰 손해는 막을 수 있었다.

여유가 생기자 외삼촌이 말했던 동족을 먹은 돼지가 낭충에 걸린

1) 낭충: 낭충병(囊虫病)이란 돼지고기 백충의 유충이 인체조직에 기생하면서 생기는 일종의 기생충병.

다는 사실을 알아보고 싶었다. 자료를 모으고 나이 많은 어른들께 말을 들어가며 조사를 시작했다. 충격적이었다. 낭충은 장기와 근육뿐만 아니라 뇌까지 침입하여 간질과 정신병을 유발하는 것 같다고 한다. 낭충 감염으로 사망한 사람도 여럿 있다고 했다.

제주도 농촌에서는 그 시절 통시[2]라는 재래식 화장실에서 인분을 먹이며 돼지를 기르고 있었다. 이웃집이나 집에 경조사가 있을 때 그 돼지고기를 썼다. 도축을 해보면 드물지 않게 낭충에 감염된 돼지가 나왔다. 그때는 돼지에게 흔히 있는 증상 정도로 알고 있었을 뿐, 덜 감염된 것은 탈탈 털어 가며 굽거나 삶아서 먹기도 했다.

지금은 사라진 낭충에 대한 연구 자료가 없어 찾아볼 수 없다. 오래전 내가 조사한 것도 인분에는 돼지고기를 먹은 성분이 함유되었기에 그럴 것이라는 막연한 추정 정도다. 낭충에 감염된 돼지의 증상은 초기에는 체중이 늘지 않고 눈이 충혈되다가 정신이상이 오면서 죽는다.

몇 년 전에 KBS 초대석에서 광우병과 관련한 강연을 의뢰 받았다. 자료를 수집하며 광돈병과 광견병에 관련된 내용도 PPT 자료에 넣었다. 아프리카 오지에서 원주민들이 인분을 먹이고 기르는 돼지에 낭충이 아직도 발견되고 있다는 정보를 알리며, 동족을 먹이로 했을 때 발생할 미래의 재앙을 경고했다. 강연 후 낭충병을 경험했던 나이

2) 통시: 제주도의 재래식 화장실.

지긋한 분들로부터 긍정적인 전화를 많이 받았었다.

재래식 화장실이 사라지면서부터 제주도에서 낭충은 사라졌다. 이유가 뭘까, 광우병, 광돈병과 낭충은 암시하는 바가 크다고 생각한다.

음식도 문화다. 『동의보감』에는 개고기를 약으로 쓴다고도 하지 않았는가. 하지만 많은 이가 혐오스러워 한다면, 가려야 함도 생각해 볼 일이다.

시린 겨울

앙상하게 뼈대만 남은 풀을 뒤적였다. 마디가 소의 무릎을 닮았다 하여 '쇠무릎풀' 또는 '우슬초'라 하는 약초를 찾는다. 작은 것을 바라보며 내년을 약속한다. 운 좋게도 큼지막한 녀석을 찾았다.

1월의 추위는 매서웠다. 토지는 간밤에 차디찬 기운으로 하얀 결정을 만들어 품었다. 곡괭이로 힘껏 내리쳐 보지만 뾰족한 쇠도 쉽게 박히지 않는다. 입김이 대신 일을 하는 걸까. 증기기관차 연통처럼 헉헉거리고 있다. 언 손을 호호 불며 조금씩 파 내려갔다. 한 뼘 깊이를 파자 제법 흙이 보드랍다. 곡괭이를 치우고 호미를 들었다. 곱게 파내기 위해 최선을 다한다. 어제는 뿌리가 많이 상했다며 싫은 표정으로 바라보던 약재상 얼굴이 '혹시 안 사 주면 어쩌지?' 하는 두려운 마음이 잔상되어 다가온다.

굵다, 크다, 묵직하다, 속으로 '심 봤다.' 하고 외친다. 십 원 가치는 넘을 성싶다. 자루 속으로 집어넣고 어깨에 둘러메었다. 다시 내 눈이 사냥을 시작한다.

허허벌판을 휩쓸고 지나가는 찬바람은 귀가 시리다 못해 따갑다. 용을 쓰고 난 뒤 축축해진 등이 한기를 더 느끼게 했다. 한 손을 입에 대고 호호 불며 귀를 감싸 보지만 그때뿐, 다시 얼음 날로 에는 듯한 아픔이 더 강하게 파고든다. 강한 추위는 귓바퀴를 까뭇한 색들로 거북 등 모양을 그리며 갈라 놓았다. 갈라진 틈에서 묻어나오는 피도 겨울 찬바람에 시린지 손길을 거부했다.

어린 멀구슬나무가 깡마른 몸과 가지를 보이며 애처롭게 서 있었다. 몇 방울의 멀구슬을 달고 칼바람에 맞서며 더욱 가녀린 모습을 보이려는 듯했다. 어린 약초꾼인 내게 동정을 구하고 있는 것일까, 주변에 널브러진 검불과 낙엽을 걷어내고 죽은 멀구슬들도 치워내며 뿌리를 찾는다. 이곳저곳 헤집는 사냥꾼의 손길에 비교적 얕게 묻혀 길게 뻗은 뿌리가 모습을 드러냈다. 가래떡만 한 뿌리를 들어 올리자 우지직 하는 소리를 내며 잘린다. 미끈거리는 액체가 손에 닿을 때마다 나무가 흘리는 피 같다는 생각에 안쓰럽다.

여러 개의 뿌리가 모였다. 펑퍼짐한 너럭바위에 올려놓고 주먹만 한 돌멩이로 골고루 두들겼다. 뱀이 허물을 벗듯 껍질에서 매끄럽게 빠져나온 속대는 희멀건 속살을 내보이며 시린 마음을 더욱 시리게 했다. 미안한 마음에 치웠던 검불을 가져다 덮어 줘 보지만 죄책감이 영 가시질 않는다.

껍질 무게를 가늠해 보며 자루에 넣었다. 제법 묵직하다. 아침을 거르고 나섰던 길이었기에 허리가 휘청거린다. 배가 고프다. 따뜻한 아랫목이 그립다. 서둘러 약재상 집을 향해 걸었다. 고등어 굽는 냄새가 향기로운 부잣집을 지나고, 모락모락 빵을 찌는 김이 새어 나오는 빵집도 지났다.

막대 저울에 걸린 자루가 힘을 못 쓰고 올라간다. 저울추가 자꾸 앞으로 옮겨질 때마다 눈길을 애써 외면해 본다. 자루에게 힘을 써 보라고 애원하는 간절함이 스스로 생각해 봐도 가련하다. 백삼십 원이나 되는 큰돈을 받았다. 어제보다 두 배나 되는 액수다. 형에게 물려받은 국어책에서 읽은 「운수 좋은 날」이 떠오르며 쓴웃음을 짓는다.

배고픔도 잠시 잊고 호주머니 속에 든 돈을 확인하고 또 확인하며 걸었다. 내일은 더 멀리 가보지 않았던 곳으로 가 볼 거라며 들판을 바라보았다. 그러다 밀린 학비가 오천오백 원 곱하기 네 번은 이만이천 원이라는 현실 앞에 힘없이 고개를 떨어뜨렸다.

지푸라기 한 움큼을 불쏘시개로 하여 아궁이에 집어넣었다. 짙은

회색빛 연기가 훌훌 하늘로 달아난다. 먹다 남은 나물 된장국이 뜨거운 끓는 소리를 내며 데워졌음을 알렸다. 식은 보리밥 한 덩어리를 넣어 허겁지겁 씹어 넘겼다. 시장이 반찬이라더니, 물컹거리는 보리밥이 참 맛있다. 허기가 사라지고 얼었던 몸이 풀리며 시나브로 졸음이 몰려왔다. 아궁이 앞에서 머리를 무릎에 묻자 눈이 감긴다. 사르르 풀리는 긴장 속에 허상일까, 꿈일까, 내가 벌판에 서 있었다. 하얀 눈이 가려 버린 들판, 내게 뿌리를 빼앗긴 주검들이 처참하고 가련한 모습으로 찬바람에 뒹굴고 있다.

봄이 왔다. 내가 헤집은 많은 구덩이 속은 아직도 겨울이었다. 주변에는 파릇한 새싹들이 돋아나고 있었지만, 생채기 난 모습은 그대로였다. 열 달 남은 중학교 졸업을 포기하고 자퇴했다.

그 후로 약초는커녕 들풀도 함부로 하지 않았다. 집을 지으며 조경해야 할 나무와 꽃이 필요했다. 생태교육자가 되어 산을 많이 돌아다녔다. 좋은 나무가 있는 곳을 알지만 우리 모두의 것이고 보호해야 할 대상이라 생각했다.

산에서 들꽃이나 관상수를 훔쳐다 심어 놓은 것을 바라보면 울적해진다. 주검되어 버려진 나무들을 볼 때면 슬며시 화가 치민다.

'죽이지 말고 잘 기르기라도 하면 좋으련만…….'

제법 기온이 올라가며 입춘이 지났지만 아직은 추운 이월이다. 아내와 닷새장을 찾았다. 마른 약초들, 갓 캐 온 약용나무와 풀을 보는 마음이 시리다. 42년 전에 없애 버린 우슬초와 멀구슬나무가 떠오른 때문일까, 사람 열기가 가득한 닷새장에서 나만 혼자 시린 겨울을 느끼고 있는 것 같았다. 약재상을 지나가다 멈춰선 내 팔을 붙잡으며 아내는 빨리 가자 보챘다.

바싹 마른 약초 혼들이 내 뒤를 따르는 것만 같다.

(2016)

급식 빵

아내가 통밀 식빵을 만들었다. 김이 모락모락 피어오르며 고소한 냄새가 코를 자극한다. 그 냄새 속에 아련히 떠오르는 추억 하나가 나를 사로잡는다. 가난에 시달리며 점심을 거르는 아이들이 많았던 시절, 학교에서 먹는 급식 빵은 최고급의 먹을거리였다. 내게 특별했던 급식 빵 사연, 그 시절로 돌아가 본다.

3학년까지는 주무관 선생님이 강냉이 가루를 넣고 가마솥에서 쪄서 만들어 주셨다. 감미료가 사카린인지 당원인지 잘은 모르지만 달콤해서 좋았다. 강냉이 빵이 작아서 배를 불리게 하지는 못했지만 참 맛있었다.

4학년이 되자 공장 급식 빵이 배달되었다. 밀가루로 만든 식빵이었는데, 강냉이 빵처럼 달지는 않았지만 큼지막하여 먹으면 한 끼 식사가 되었다. 나는 먹는 체하다가 몰래 책보에 넣어 집으로 가져왔다. 선생님은 그러지 못하게 지켜보실 때가 많았다. 영양 실조된 아이들이 있었던 시절이라 가족과 나눠 먹는 것도 좋지만, 사랑하는 제자들이 먹는 것을 바랐을 것이다.

동생들을 위해 가져온 식빵은 귀하게 사용되었다. 보리밥을 물에 말아 먹이면 소화효소가 부족한 일곱 살 밑으로 동생들은 잦은 설사를 했다. 불룩 나온 배는 넉넉히 먹은 것처럼 보일 뿐 가여운 동생들의 영양실조 직전의 모습이었다.

부드러운 식빵은 훌륭한 영양식이 되었을 것이다. 동생들을 위해 먹지 않고 가져온 내게 어머니는 착하다는 말은 하면서도 눈을 맞추지는 못했다. 그 말을 들은 나는 어떻게든 다시 숨겨서 가져와 칭찬을 들어야겠다는 기특한 다짐까지 하며 선생님 눈을 속이기 위해 조바심을 내곤 했다.

졸업식이 코앞이다. "빛나는 졸업장을 타신 언니께……." 4~5학년 교실에서는 졸업식 때 후배들이 부를 1절 연습이 반마다 울려 퍼졌다. 3년 선배 형이 있어서 귀동냥으로 배워 알고 있는 노래여서 내게는 쉬웠다.

노래 연습 시간은 촉박하고 아이들이 노랠 배우는 데는 시간이 필요했다. 남자 담임 선생님은 음치셨다. 열심히 연습을 시켜 보건만 진전이 없었다. 선생님은 졸업식 노래를 잘 알거나 음정을 정확히 낼 수 있는 선창자가 필요했다. 졸업식 노랠 잘 안다는 아이들 몇 명을 불러내었다. 그리고 한 명씩 불러보게 하더니 나를 지목하셨다. 선생님이 치시는 풍금 옆에 서서 한 소절씩 선창하면 반 아이들이 따라 불렀다.

처음에는 앞에 서 있는 것이 부끄러웠지만, 차츰 익숙해지자 60명이나 되는 반 아이들을 바라보며 선창할 수 있었다. 옆 반 선생님은 여선생님이셨다. 계속 연습을 시키려니 목이 아픈가 보다. 우리 반을 지나가다 보고 따라하려 했지만 마땅한 아이가 없었는지 나를 빌려(?) 달라고 부탁했다. 담임 선생님은 우리 연습할 시간도 없다며 한마디로 거절을 하셨다. 빈손으로 가시는 옆 반 선생님의 뒷모습을 바라보며 미소를 짓던 짓궂은 선생님 얼굴이 선명하다. 그렇게 주가가 높았던 나의 도움으로 선생님은 며칠 만에 만족스럽게 노래 연습을 끝내셨다.

종례시간이 가까워지자 급식 빵이 배달되었다. 결석한 아이의 것이었는지 모르지만 하나가 남았다. 선생님이 나보고 나오라 하시더니 "수고 많았다." 하시며 집에 가지고 가서 동생들과 나눠 먹으라고 하셨다. 그간 빵을 숨기고 갔던 사실을 아시는 것 같았다. 그리고 급우들보다 한두 살 아래인 나를 배려하여 일침을 놓으셨다.

"나눠달라고 하거나 뺏는 녀석은 혼을 내겠다."

선생님 말씀이 하늘 같은 시절이었기에 그 힘은 놀라웠다. 먹을 것이 최고였던 배고픈 시절, 반 아이들의 많은 부러움을 사며 집으로 돌아왔다. 두 개의 식빵은 어린 동생들 배를 든든하게 채워 주었다. 동생들이 맛있게 먹는 모습을 보며 먹고 싶은 마음에 마른 침을 삼키면서도 귀여운 동생들이 먹는 모습이 더 좋았다.

기분 좋았던 하루가 점점 깊어 간다. 하품하다 지친 동생들이 따뜻한 아랫목을 차지하고 잠이 들었다. 밝게 타오르는 호롱불을 무릎 높이로 내린 어머니는 바느질을 시작했다. 구멍 뚫린 양말들과 무릎 터진 바지, 단추 떨어진 윗옷과 팔꿈치 해진 옷들, 저 많은 옷을 언제 다 기우실까 생각하니 감감했다. 서툰 솜씨로 같이 거들었다. 한 시간 가량 작업을 하고 안방으로 건너가셨다. 나는 어린 동생들이 오줌 마려워 깰 때를 대비하여 호롱불을 깜부기불로 조절했다. 겨울밤이 깊어 간다. 호롱불을 끄고 눈을 감았다. 잠을 청해 보지만 자랑스러운 나의 오늘을 떠올리면 신통하기만 하다. 잠이 오지 않는다.

밤바람이 갑자기 세게 불어오는가 보다. 나뭇가지가 춥다고 우는 소리가 들리지만 다른 날과는 다르게 하나도 춥지 않은 날이었다.

(2005)

도살장

치킨 광고가 한창이다. 유명 연예인의 너스레와 먹음직스러운 화면 속의 음식은 눈길을 끌게 하고 주문을 유도한다. 아이들이 통닭을 먹고 싶다며 광고의 유혹에 걸려들었다. 가능한 한 외식이나 시켜먹는 음식을 피해 왔었다. 아이들 건강을 지키기 위한 최고의 선택이라는 생각을 고집하며 살았다.

집에서 만들어 먹자고 했다. 작업복으로 갈아입고 닭장으로 갔다. 내 눈은 사냥꾼이 되어 토실토실 살이 오른 놈을 고르고 있었다. 내 눈빛을 알아채는 것인지 닭들이 슬슬 피해 다닌다. 모이를 줄 때는

다가와 구구 소리를 내며 어리광부리는 녀석도 있었는데, 어떻게 아는 것인지 묘했다. 하릴없이 마성을 드러내 등 뒤에 숨겼던 뜰채를 꺼내 들었다. 뜰채를 본 녀석들은 확실해진 사냥꾼의 모습으로 변한 주인에게 경계 태세를 취했다. 뜰채를 내밀자 닭들은 날뛰기 시작한다. 수탉은 양 날개를 곤두세우며 애첩들을 지켜보려 하지만 인간의 힘을 당할 수가 없다. 하지만 나도 날뛰는 닭들에게서 위협을 느낀다. 빨리 이 전쟁을 끝내고 싶어 서두른다. 이미 정해진 표적, 먹성이 좋다는 이유로 선택된 암탉을 덮쳤다. 퍼덕거리며 괴성을 질러대지만 이미 승부는 끝났다. 승리자가 되어 회심의 미소를 지으며 뒷걸음으로 닭장을 빠져나왔다.

미안함에 애도의 시간이 잠시 흐른다. 이미 준비해 둔 가마솥에는 물이 끓고 있었다. 통통하게 살이 오른 몸이 누드 모델이 되었다. 목욕도 하고 때 빼고 도마 위로 오른다. 섬뜩하게 날 선 칼의 춤, 낭자하게 흘러내리는 피, 피비린내가 물씬 코로 스며든다. 부처님 마음도 아닌데 죄를 지은 기분은 잠시 머뭇거린다. 눈을 감고 아이들의 행복한 한때를 생각하며 다시 마음을 다잡는다. '나는 가장이니까. 책임져야 할 가족을 위하여.' 구실을 대며 도살장이가 된다. 생체 공부, 해부학, 혹시 장기에 있을지 모르는 혹을 떠올리며 내과 검진까지 최선을 다했다. 작은 토막까지 낸 고깃덩이를 아내에게 넘겼다.

부엌이 부산스럽다. 고추장, 마늘, 양파, 밀가루 등 재료들이 다듬어지고 토막 나고 으깨어 고기와 섞인다. 잘 달궈진 튀김 팬에서 요리의 마지막 과정이 시작되었다.

임시 도살장인 야외 세면장에서는 또 다른 전쟁이 시작된다. 핏자국을 지우기 위해 청소하고, 피비린내 나는 손을 씻는다. 속죄하는 마음도 조금 섞어 비비고 박박 문지른다. 코끝으로 손을 가져가 냄새를 맡았다. 가시지 않는 핏내, 비누를 더 묻혀 2차 시도를 한다. 그래도 풍기는 핏내. 반복해서 씻어 보지만 깊숙하게 박혀 버린 냄새는 죽어 간 닭의 복수인 양 사라지지 않는다.

고소하게 흘러나와 세면장까지 배달된 냄새로 덮어 보려 하지만 이미 박혀 버린 냄새를 없앨 수 없다. 늘 장갑을 끼지 않는 습관을 오늘도 후회한다. 냄새 잡기를 포기하고 만다. 식욕도 없어지고 미안함도 남아 있는, 잔인했던 가장의 비애를 어쩌란 말인가.

먹음직스러운 우리집표 양념치킨이 식탁 가운데 자리를 잡았다. 아이들의 환호, 감탄, 미소도 양념으로 올라왔는지 맛있게 먹는다. 그 모습을 바라보며 행복 전도사가 된 기분으로 웃는다. 하나 들고 먹으려면 물씬 풍기는 피비린내가 다시 그놈이 복수로 다가온다. 아이들이 먹다 버리는 뼛조각을 깨작거리다가 저녁 식사가 끝났다.

내가 도살했든, 식당이나 업체에서 도살했든 그런 모습을 바라볼 때는 인간의 잔혹성에 마음이 아려 온다. 10여 년 전 HACCP(해섭) 강사가 되어 축협 관리자, 가공업체 대표들에게 강의를 하고 견학을 갔다. 위생 상태가 잘된 지방자치단체가 관리하는 도살장이다.

수많은 돼지가 차에서 내린다. 한 줄로만 된 길은 뒤돌아설 수도 없다. 오직 전진만이 허락된다. 차례차례 컨베이어를 타고 위로 오른 돼지에게 양쪽에서 좁혀 오는 전기가 접촉한다. 외마디 단말마의 비명을 지르며 감전된 돼지가 밑으로 보내어졌다. 부들거리며 남아 있던 목숨은 잠시뿐, 마지막 길을 떠났다.

고리에 걸려 화염방사실로 옮겨 털은 그을리고, 뜨거운 스팀 실과 세척실을 통과하면 발가벗겨진 모습이 되어 나타났다. 조금 전 살아 있던 돼지라고는 믿기지 않는다. 내장이 꺼내어지고 등급 도장이 찍히고 보관실에 줄지어 걸린다.

잠시 차례를 기다렸다가 주문대로 해체되는 작업실로 들어간다. 부위별로 토막 난 고기는 그런 짧은 과정을 거쳐 운반되고 식탁에 오르는 것이다. 피비린내와 잔혹성으로 미간이 찌푸려졌다.

도살장을 빠져나와 주변에 늘어선 식당으로 들어갔다. 조금 전 느낌들은 사라진 것인지 싱싱한 고기를 굽는 무리가 한마음 되어 앉아 있다. 식품으로서 없어서는 안 될 단백질 공급원이란 먹이사슬을 생각해 보지만 마음이 어둡다.

'해결책이 없는 걸까?' 혼자 질문하고 '모르겠다.' 혼자 답하며 나도 어느새 고기를 씹고 있었다.

(2016)

빗소리

먹구름이 한라산을 넘어온다. 가슴이 두근거린다. 비 맞으면 안 될 물건을 들이느라 바쁘다. 널어놓은 마른 농산물을 먼저 들여놓고, 땔감도 부엌으로 들였다. 불쏘시개용 지저깨비를 바라보며 이것저것 들이느라 바쁜 손길이 숨 돌릴 틈이 없다.

소나기가 다가오더니, 쏴~ 하는 소리와 한기를 내뿜으며 퍼붓기 시작한다. 미처 들이지 못한 것들이 나와 함께 순식간에 흠뻑 젖어 버렸다. 미안하다 생각하며 뒷걸음질쳐 집 안으로 피신했다.

젖어 추위를 느끼는 몸을 따뜻한 물로 샤워했다. 따끈한 물이 머리에서 발끝까지 흘러내린다. 쫘르르 쾌감을 느끼며 피로가 물러간다. 두근거리던 가슴도 진정되어 갔다.

창가에 서서 밖을 바라보았다. 땔감으로 사용하기 위해 얻어 온 건축 자재들 틈에서 지켜주지 못한 지저깨비가 울고 있는 듯이 소나기를 맞고 있다. 빠지직 하는 소리와 함께 번개가 친다. 하나, 둘, 셋, 넷, 마음속으로 초를 재는데 지척에서 천둥소리가 들려왔다. 진정되었던 가슴이 방망이질하며 소년 시절에 무서운 빗소리가 되살아난다.

하늘에 먹구름을 바라보더니, 도목수가 소리 지르며 지휘한다. 꿈에서도 가져볼 수 없는 멋진 이층집을 짓는 공사 현장에서 시멘트 차가 들어와 창고로 운반하고 있었다. 종이로 포장한 시멘트 포대는 비를 맞으면 굳어 버리기 때문에 손실이 크다. 목수들 발걸음이 빨라지고 도목수의 호통이 커져 갔다. 나를 바라보더니 "너도 거들어." 하는 소리에 트럭으로 달려갔다.

작은 등을 내밀자 시멘트를 어깨로 올려 주는 작업을 하던 군기반장 격인 목수가 잠시 망설였다. 하늘을 바라보며 먹구름이 더 가까이 다가옴을 재 보더니 어깨를 대라 한다. 트럭 운전사가 너무 어려서 안 된다는 것을 내 어깨 위에 얹는다. 체구가 작았던 열두 살, 아마 체중이 30kg 정도였을 것이다. 40kg의 시멘트 무게는 지구를 올려놓은 것 같았다. 갓 태어난 송아지가 안간힘을 쓰고 일어서서 휘청거리며 엄마 젖을 찾아가듯 그렇게 창고를 향해 걸어갔다.

주저앉고 싶음을 참아야 하는 고통에 눈물이 왈칵 쏟아졌다. 흐릿한 눈앞에 가족이 아른거린다. 여섯이나 되는 동생들 얼굴이 번갈아 떠오른다. 동생들에게 맹세한다. '너희들에게는 이런 힘든 일 절대로 하지 않게 할 거야. 힘든 일은 내가 다 짊어질 거야.' 이를 악물고 걸었다. 10m도 안 되는 거리가 100m도 더 돼 보이게 멀다.

빠른 걸음들 덕분에 트럭 위의 시멘트가 거의 비워지고 바닥을 보인다. 안도하는 큰목수를 바라보며 서운함을 지울 수 없었다. '그래도 의지하고픈 외삼촌인데…….'

빗방울이 하나 둘 내리기 시작한다. 내가 짊어진 마지막 시멘트 포대가 창고로 들어갔다. 바로 그 순간, 소나기가 세차게 내리기 시작했다. 땀을 흘린 몸에 떨어져 나온 시멘트 가루가 온몸을 덮고 있다. 움직일 힘이 다 소진되었다. 500여 미터밖에 되지 않는 집까지 걷는 것도 힘들 것 같았다. 목수들은 집으로 달려갔다. 웃으며 씻고 있겠지만, 창고에는 나 홀로 남겨졌다. 시멘트 포대에서 풀어낸 실로 묶은 창고 열쇠가 목에서 달랑거리며 '가난뱅이 재봉이, 힘없는 꼬마야.'라고 놀리는 듯했다.

번개가 치고 천둥소리가 고막을 흔든다. 더욱 세차게 내리는 소나기는 합판 벽에 양철 지붕으로 만든 임시 현장 창고를 두들기고 있다. 콰르르 타당 탕 하는 소리가 '너, 빨리 안 나와?' 협박하는 듯했다.

불안에 휩싸여 가슴이 울렁거린다. 밖으로 나갔다. 소나기는 몇

초 만에 온몸을 흠뻑 적셔 버린다. 물에 빠져 허우적거리듯이 소나기에 빠져 호흡이 가빠 왔다. 다시 급히 창고로 피신했더니 빗소리는 더 기세등등하다. 젖은 몸이 한기까지 불러왔다. 귀를 막고 떨고 있는데, 도목수 아들이 검은 우산을 쓰고 찾아왔다.

"어른 목수들은 다 씻고 밥 먹고 있는데 뭐해? 빨리 가자. 나도 밥 안 먹었어,"

목수 아들은 나와 동갑인 외사촌 동생인데 유난히 나를 잘 챙겨주었다. 하지만 그런 정성에도 감기와 몸살로 며칠을 누워 있어야 했다. 그 후로도 어린 송아지처럼 휘적거리며 2년을 보냈다. 아마 어린 나이에 혹사했기 때문이리라. 활처럼 휜 내 등은 훈장(?)이 되어 늘 삶에 피로를 더해 준다.

번개와 천둥을 동반한 소나기가 창문을 때린다. 큰 유리문에 부딪혀 흘러내리는 빗소리는 작은 소리겠지만, 내 마음속에 만들어 놓은 그 빗소리가 있어서 늘 크게 만들어 놓고 살아간다.

봄에 작은 창고와 불을 때는 작은 부엌을 장난 삼아 지었다. 지붕에 얹어 놓은 재료가 양철이다. 작은 비만 내려도 콩 볶는 듯 빗소리가 요란하다. 때로는 추억이 되고 때로는 힘들고 가난했던 소년 시절을 떠올리는 나만의 소리다.

(2016)

사냥개 덕구

송아지만큼 커다란 황개를 사왔다. 시골이라 대부분 집에서는 개를 키웠다. 농번기에는 집을 지켜주고 밤에는 도둑을 지키는 역할을 했던 개 기르기는 시골에서는 흔한 모습이다. 마음 좋은 사람 집에서 강아지 낳으면 한 마리 얻어다 키우면 되고, 그럴 인연이 없으면 오일장에서 5천 원 안팎이면 잡종견을 구할 수 있었다.

이름도 대부분 수컷은 덕구나 독구라 했고, 암캐는 메리나 케리라 했다. 혼동될 듯싶지만, 그런대로 별 문제 없었다. 우리도 그냥 전에 기르던 개를 그렇게 불렀듯 자연히 들어오자마자 덕구라 불렀다.

사냥개라는 이름으로 거금 5만 원을 주고 사 왔다고 하여 내심 기분이 나빴다. 사냥꾼의 농간에 놀아나 소중한 돈을 낭비했다는 생각으로 화가 났다. "돈이 될 직한 송아지나 염소를 사지 개는 무슨." 하며 열일곱 살 동생과 아버지의 결정을 못마땅해 했다. 몸집이 너무 커서 무섭고 귀엽지도 않아 가까이하기도 싫었다.

한데 아니었다. 날이 흐를수록 덕구의 매력에 빠져 갔다. 마실을 다녀올라치면 커다란 꼬리를 살랑살랑 흔들며 보내주고 맞아주는 덕구, 단 한 번도 말썽을 부리거나 엉뚱한 짓도 하지 않는 영리한 녀석이었다. 천 호가 넘는 마을에서 어느 개도 우리 덕구를 이기는 개가 없었다. 바느질하는 가는 실로 묶어 놓아도 움직이지 말라는 주인의 뜻을 아는지 단 한 발자국도 자리를 뜨지 않으니 목줄이 필요 없는 그런 개가 덕구였다.

함박눈이 내린 날, 노루 사냥하기 좋은 날이라며 사냥 준비가 한창이었다. 나는 덕구와 함께 처음으로 노루 사냥을 나갔다. 눈이 내린 들판과 숲을 이리저리 헤매며 노루를 찾아다녔다.

숲길로 들어서서 앞서가던 덕구가 움직이지 않는다. 달려가 보니 노루를 잡기 위하여 철삿줄로 올가미를 만들어 길목에 놓은 덫에 걸려 있었다. 움직이면 목을 조여 와 죽음을 맞을 것을 어떻게 알았을까, 주인이 오기만을 기다리고 있었다. 올가미를 제거할 때까지 꼬리를 흔들어대며 기다리는 덕구를 보면서 영리함에 눈이 휘둥그레졌다.

눈밭을 헤매며 노루를 찾아다닌 지 한 시간쯤 되어 노루를 발견했다. 우리는 노루의 길목을 막아서고 덕구는 노루를 쫓기 시작했다. 나지막한 동산 위에서 노루가 도망갈 길목을 막아섰던 나는 사냥하는 모습을 한눈에 바라볼 수 있었다.

노루와 사냥개의 달리기는 큰 차이를 느낄 수 있게 노루가 빨랐다. 그런데 벌판을 지그재그로, 또는 반원을 그리며 달리는 노루를 덕구는 직선으로 달리거나 길목이 되는 곳으로 달리며 노루를 따라잡고 있었다. 덕구가 영화에서나 봄 직한 장면으로 몸을 날리더니 노루의 목을 물고 늘어졌다. 선혈이 하얀 눈 위로 뿌려졌다. 고통스러운 몸부림을 칠 때마다 덕구의 몸이 휘둘렸지만 다문 입을 놓지 않았다. 재빨리 다가간 사냥꾼이 갈고리로 노루를 제압하고 숨통을 끊었다. 칼로 배를 가르더니 더운 김이 모락모락 나는 내장을 수고했다며 덕구에게 먹였다.

그날 큼지막한 노루 한 마리가 도축되었다. 동네 사람들과 친인척들에게 연락하여 고기와 뼈를 팔고 얻은 돈을 사냥꾼과 반씩 나눴다. 지금은 TV에서나 봄 직한 사냥 장면을 직접 경험했다.

덕구는 바람둥이였다. 충성심이 높아 사람에게는 짖지도 않고 잘 따랐기에 묶어 놓지 않고 길렀다. 풍채가 좋고 힘도 좋아 어떤 수캐도 넘보지 못하고 꼬리를 내렸기에 어깨를 으쓱거리며 풀어 놓기도 했다. 마을 암캐들을 덕구가 거느렸다. 많은 암캐가 찾아오고 암내를 맡고 덕구도 암캐를 찾아다녔다.

커다란 성기에서 하얀 고름이 나오기 시작했다. 암캐를 가까이함도 옛이야기가 되어 버리고 사냥도 접었다. 결국은 임질로 모든 것을 잃고 처량한 신세가 되었다. 고생하다가 헐값에 개장수에게 팔려가는 신세가 되어 버리고 말았다.

덕구의 늠름한 모습이 떠오른다. '생긴 값 한다.'는 말이 있듯이 덕구는 잘생긴 만큼 바람을 피우다 그렇게 죽어 갔다. 멋진 개가 눈에 띄면 영리했던 덕구를 떠올린다.

(1978)

할머니의 전통음식

대형 밥솥을 사는 아내를 멀뚱히 바라보았다. '50명 분 밥을 해서 두고두고 먹으려나?' 생뚱맞은 의문은 그날 바로 풀렸다.

대형 밥솥은 아내에 의해 지혜롭게 사용되었다. 조청과 감주 만들기, 모임 때 백숙요리, 흑마늘 제조, 보일러가 고장 났을 땐 임시변통으로 물 데우기까지 다양하게 쓰였다.

아침에 일어나 보니 밥솥에 불이 켜져 있다. 단내 달달해 입안엔 침이 고인다. 뜨거울 땐 뜨거운 대로, 따뜻하면 따뜻한 대로, 냉장고에서 꺼내어 시원하게 마셔도 좋은 감주다. 덜어내어 조금 더 고아 둔 조청은 떡을 찍어 먹거나 요리에 사용하기도 한다. 지난밤 부엌이 분주하더니 몸보신할 전통 음식이 탄생하게 생겼다.

어린 시절에 뒷집 할머니가 떠오른다. 낮게 움푹 파여 들어간 터에 앉은 작은 초가집, 올레길에서 보면 초가지붕만 보였다. 그 초가집엔 두 분의 할머니가 사셨다. 큰할머니와 작은할머니라고 부르던 두 분은 모녀지간이다. 후가 없는 연고로 일 년에 열두 번 하는 기제사를 지낼 사람이 없어, 사위와 외손주가 제관이 되고, 아버지가 집사를 보았다. 동네 사람들까지 모이니 작은 초가집은 늘 만원이었다.

제삿날이 다가오면 할머니는 분주하게 움직이셨다. 음식 중에 꼭 챙기는 것이 감주다. 제삿날 전날에 미리 준비하는 모습이 담 너머로 보인다. 우리 집에서도 보이고 올레길에서도 훤히 들여다보여 늘 다른 흑심(?)으로 얼쩡거렸다.

할머니는 엿기름가루를 준비하고 물에 담근다. 차조를 사용하여 고두밥을 짓는다. 제삿날에 학교가 파해 집으로 들어갈 때면 언제나 나를 부르셨다. 커다란 가마솥 아궁이엔 장작이 빨갛게 피어오르고 달콤한 냄새가 코를 후비곤 했다. 뚜껑을 열자 눈앞을 뒤덮는 김이 얼굴을 끼얹고 나서 하늘로 오른다. 할머니는 나무 국자로 한번 휘하고 젓고는 작은 보시기에 하나 가득 떠서 준다. 덜 고아진 연한 감주지만 달콤한 맛에 아껴 가며 마셨다. 다 마시고 나면 늘 하던 대로 됫병을 들고 제주를 사러 갔다. 그때는 대부분 밀주를 사다 사용했다. 마을 끝 집이라 무릎이 좋지 않은 할머니가 다녀오시기엔 너무 힘들었다. 심부름 값으로 얻어먹던 덜 고아진 감주 한 보시기는 지금도 잊히지 않는 맛이다.

밤이 되어 제삿집에 가면 저녁밥과 함께 나오는 감주 한 종지는 낮에 먹었던 그 맛과 또 다르다. 진하게 고아진 묽은 형태로 담긴 감주는 사탕보다도 더 달았다. 종지에 묻은 흔적을 핥아 먹고 싶을 만큼 맛있었다. 작은할머니가 그 눈치를 아는지 나에게는 한 번 더 떠 주시곤 했다. 저녁밥을 부러 적게 먹고 가서 자시까지 기다리며 지루한 시간을 때우며 먹었던 상외떡도 맛있었다. 밀가루 반죽을 큼지막하게 뭉쳐 쪄낸 빵은 제사상에 올리지 않는다. 제사 지내기 전에 대접하려고 만드는 먹을거리다. 상에 올리지 않는 떡이라 하여 상외떡이라고 했다. 상외떡이 하나 더 있었다. 메밀묵을 만들며 남은 것들에 감자 전분을 넣어 쪄낸 떡을 조청처럼 고아 놓은 감주에 찍어 먹었다. 양이 많지 않아 어른께만 드리는데 슬며시 하나 얻어먹곤 했다.

제사가 끝나면 음복飮福을 한다. 지름떡, 빙떡, 오메기떡, 시루떡, 메밀묵 모두가 두 분 할머니가 손수 만든 음식들이다. 배가 불러도 더 먹고 싶은 음식들은 어머니 눈치에 제물을 준비해 갔던 구덕으로 들어갔다. 앞뒷집이라는 살가운 정리와 자잘한 심부름을 해준 고마움이 더하여 두 분 할머니는 남들 눈을 의식하면서도 두어 손 더 넣어 주셨다. 그도 모자라서 울담을 넘어오는 음식이 푸짐했다.

큰할머니는 조상님 음덕蔭德으로 무탈하게 아흔을 넘기셨다고 늘 말씀하시며 제수 준비에 정성을 다하셨다.

어린 시절 어깨너머로 보았던 전통음식을 만드는 할머니 모습이 그립다. 만드는 기술과 자연의 참맛을 음미할 수 있었던 전통음식들은 그래서 지금까지도 유지되고 있는 것이 아닐까. 할머니의 음덕陰德으로 사라져 가고 있는 전통음식이 되살아났으면 좋으련만.

(2016)

추억 속의 반찬

비가 오려는지 후텁지근한 날씨다. 긴 장마가 끝나는 날이면 언제나 부산스럽다. 습기를 머금은 온갖 농산물을 마당 한가득 내어 널었다. 잠시라도 햇볕을 쬐어야 한다는 아내의 고집에 머슴처럼 자루를 들고 날랐다.

아내와 급한 외출을 위해 시내로 차를 달렸다. 이런저런 볼일을 보느라 저녁때가 되어 간다. 하늘엔 먹구름이 심상치 않다. 아차, 싶어 서둘러 자동차에 시동을 걸었다. 비가 내리기 시작한다.

밀, 유채, 보리 등 마당 가득 널어놓은 농산물 걱정에 말이 잠겨 버린 아내, 약간의 법규 위반을 하며 도착한 우리 집에는 아직 비가 내리지 않는다. 다행이라며 숨 돌릴 겨를 없이 들여놓기 시작했다.

무거운 포대를 옮기느라 힘을 다 소진했다. 소나기가 급한 볼일 참았던 듯이 한줄기 세차게 내리기 시작한다. 까딱했으면 낭패 볼 뻔했는데, 오늘은 우리에게 행운의 날이었던 것 같다. 어둠과 함께 밀려오고 있는 먹구름과 비를 피해 보금자리로 들어왔다.

아내는 저녁상을 차릴 힘도 없다며 앉아 있다. 한참 부대꼈으니 지쳤을 테다. 나는 먹는 것보다도 힘을 써서 그런지 땀을 많이 흘린 몸에 옷이 달라붙어 불편했다. 중복 더위가 거들어선지 습한 온도에 불쾌지수가 높기만 하다. 시원스레 샤워하고 나섰더니 아내가 대충 먹자며 마늘장아찌를 꺼내 놓았다. 냉수에 밥을 말아 마늘장아찌를 올올 찢어 밥술에 얹어 가며 먹는다. 마늘장아찌를 보면 늘 떠오르는 그리운 분의 커다란 눈과 미소가 나를 사로잡는다.

힘겨운 노동과 과수원 돌보기로 스물다섯 살에 몸이 많이 망가져 있었다. 귤나무는 병충해 방제약을 자주 살포해야 좋은 품질의 등급을 받을 수 있었기에 부지런히 농약을 살포했다. 남들보다 한 번이라도 더 농약을 뿌린 사람이 부지런한 사람이라는 인식이 들 만큼 경쟁하듯 농약 살포에 농부들은 공을 들인다. 농약을 뿌리고 나면 독성 때문에 씻고 쉬어야 하는데도 그럴 여유가 없었다. 농약 묻은 몸으로 일을 마무리하는 날이 허다했다.

나도 모르는 사이 농약 중독 증상이 왔다. 힘이 없고 조금만 움직여도 식은땀이 줄줄 흘러내렸다. 의욕도 떨어지는데 할 일은 밀린데다 입맛도 잃었다. 농약 중독이라는 병명이 없던 때라 병원 치료도 받지 못했다. 딴은 그 이전 농약 중독이란 사실도 모르고 지냈다.

예전에 살던 동네 소꿉친구 어머니가 비탈진 밭을 갈아 달라 하셨다. 쉬고 싶었지만 거절할 수 없는 분의 부탁인 걸 어쩌랴. 혼자서 들고 올리던 밭갈이 기계를 겨우 거두어 밭으로 갔다. 비탈이 심해 비정상인 몸 상태로는 더욱 밭갈이가 힘들었다. 내가 경운기를 모는 것이 아니라 경운기에게 끌려 다니는 느낌이었다. 경운기의 무게를 못 이겨 이리저리 휘적거렸다. 친구 어머니는 그런 모습을 걱정스러운 눈으로 자꾸만 바라보고 계셨다. 점심시간이 되지 않았지만 바람 좋은 시원스러운 소나무 그늘에 밥상이 차려졌다. 돼지고기볶음과 맛나 보이는 반찬들이 있었다. 그런데 도무지 밥이 목으로 넘어가질 않았다. 그냥 한숨 돌리고 밭갈이를 다시 시작했다. 땀이 비 오듯 흘러내려 온몸이 흠뻑 젖었다. '너무 힘든데 이렇게 죽도록 일만 해야 하나, 좀 쉬고 싶다.' 생각하니 와락 서글픈 생각이 엄습해 왔다.

한 시간 가까이 보이지 않더니 어디를 다녀오신 친구 어머니가 나무 그늘에서 나를 부른다. 목이 마르던 차에 잘됐다 싶어 물이라도 마실 겸 나무 그늘로 갔다. 냉수에 밥을 말고 마늘장아찌를 찢어 넣어 주시며 한술 먹어 보라 하신다. 조금 전에 맛있는 반찬에도 밥을 못 먹겠다고 했는데, 보잘것없는 음식을 먹으라니 의아스러웠다. 하지만 성의를 무시할 수 없어 한 숟가락을 떠먹었다. 그 맛은 뜻밖이었다. 밥그릇을 들고 먹기 시작했다. 시원한 물과 향기롭고 상큼한 마늘장아찌가 어우러져 더위와 느글거리던 속이 삽시간에 풀리고 있었다. 곁에서 계속 마늘장아찌를 찢어 넣어 주시고 시원한 물까지 보충해 주는 친구 어머니가 천사 같았다.

시원한 냉수와 밥, 그리고 마늘장아찌 하나뿐인 점심으로 힘을 얻은 나는 비탈진 밭을 무사히 갈아엎었다. 밭갈이 전보다 더 좋아진 기분을 덤으로 얻었다.

준비해 갔던 맛난 음식들은 저녁상에 올려졌다. 친구 어머니는 먼 길을 걸어 저녁까지 배달해 주고 가시면서 어머니에게 "중노동하는 아이 몸보신 좀 시키라."는 한마디 고언을 남기고 가셨다 한다. 며칠 후 닭백숙 한 마리가 내 앞에 놓여 있었다.

오늘은 아내가 소꼽동무 어머니처럼 손수 담근 무말랭이, 마늘장아찌 그리고 양파김치를 물에 만 밥에 넣어 주고 있다. 무말랭이의 향긋한 내음과 청량음료처럼 톡 쏘는 양파 물김치가 마늘장아찌에 더해진 '아내표 밥상'이다. 이 세상에서 가장 맛있는 더위를 쫓는 이런 여름철 반찬이 또 있을까.

소꼽친구 어머니가 주신 추억의 반찬, 지금도 입맛이 없을 때 슬며시 나타나 눈을 반짝이게 한다.

(2015)

5부

기다리는 이별

기다리는 이별

 작은 소녀가 칠판 앞에 서 있다.

"슬퍼요, 슬퍼요, 서영이는 슬퍼요. 엄마가 보고 싶어 눈물이 나요." 아무도 없는데도 누가 볼세라 아주 작은 글씨로 써 놓고 숨죽여 울기 시작했다. 이유는 모르지만 아픈 사연이 있다는 것을 직감하고 눈물을 닦아 주며 가만히 안아 주었다. 내 품에 안긴 아이가 어깨를 들먹이며 더 큰 소리로 울기 시작한다. 한동안 울던 아이의 울음이 삿아늘자 조심스럽게 엄마는 어디에 계시느냐고 물어보았다.

목소리는 작았지만, 또박또박 아픈 사연을 말한다. 엄마가 몇 달

전에 택시를 타고 가다가 교통사고로 크게 다쳐서 서울 모 병원에 입원했다. 아빠가 병간호하러 가시며 자기는 외숙모에게 맡겨졌다고 한다. 이야기를 들으니 나도 서영이 마음처럼 먹먹해졌다.

모교 초등학교에서 운영위원장을 했던 인연으로 서예를 지도한 지 십여 년이 흘렀다. 개구쟁이에게는 놀이로 가르치고, 똑똑한 아이는 엄하게 지도하며 나름대로 인기 있는 아저씨 강사로 학교를 오갔다.

서영이를 처음 만난 것은 새 학년이 되어 서예를 시작했으니, 겨우 두 달밖에 되지 않았다. 밝고 영특한 아이로만 알고 있었는데 어린 나이에 그런 슬픔을 감추고 있었다. 그 후로 서영이를 관심 있게 바라보며 친해지기 위해 노력했다.

많이 친해진 우리는 마지막 시간에 수강 받고 서예 시간이 끝나면 둘만 남아 서로의 비밀을 이야기하기로 약속했다. 그렇게 둘만의 시간이 흐르면서 친구가 되어 갔다.

그날도 아이들이 모두 집으로 돌아가고 서실에는 둘만 남았다. 서영이가 머뭇거리더니 소원이 있다고 한다. “한 번만 업어 주시면 안 돼요?” 말해 놓고 수줍어 고개를 숙인다.

번쩍 들어 책상에 올려놓고 업었다. 여덟 살, 아이는 무척 가벼웠다. 작은 손으로 내 어깨를 힘주어 꼭 붙들고 좋아하는 아이를 업고는 우리 딸 어릴 적에 업었던 기억을 떠올리며 아빠나 할아버지 몫을 해주려고 애썼다.

시간이 조금 흐르자 미안해서인지 무거울 것 같다며 내려달라고 한다. 이미 내 눈은 촉촉이 젖어 있었다. 그런 모습을 숨기고 싶은 나는 내려달라 해도 내려 줄 수 없었다. 엄마 아빠 정에 메마른 가엾은 아이다. 서영이를 업어 주는 것이 나도 좋으니 좀 더 있자며 눈물이 마른 후에야 내려놓았다.

영특하여 가르치는 대로 잘 따라하고 붓글씨에도 소질이 있었다. 친구들하고 재미있게 놀다가도 시간 맞춰 급히 달려온 아이 이마에 송골송골 맺힌 땀이 열정과 의욕을 말해 준다. 노력한 결과가 있었다. 그해 여름에 있었던 백일장에서 입상하고 시상대에서 나를 바라보며 맑게 웃던 모습이 참 예뻤었다.

오늘은 서예실로 들어오는 서영이가 아이들 눈치를 살핀다. 슬며시 내 손을 끌고 밖으로 나가 재빨리 사탕 하나를 내 입속으로 밀어 넣는다. 피아노 선생님이 주셨다는 사탕 한 알, 먹고 싶은 마음 꾹 참았을 것을 생각하니 코끝이 찡하다. 발돋움하며 작은 소리로 아이들에겐 비밀이란다. 서영이가 나를 챙겨 주는 그런 일들이 종종 생기면서 처지 바뀐 배려에 헛웃음이 나왔다.

가을이 되었다. 엄마가 많이 나아지셨다는 전화가 아빠에게서 왔었다며 자랑한다. 아내의 병간호를 위해 서울서 일자리를 구했다는 애처가인 서영이 아빠가 어떤 사람인지 궁금하다.

어쩌면 서울로 전학 가서 학교 다니게 될지 모른다며 밝게 웃는다. 그런 이야기에 기뻤지만, 한편으로는 헤어질 준비를 해야 한다는 서운함도 자리해 왔다. 아이와 은연중 그렇게 정이 들어 있었다.

기대와는 다르게 엄마의 쾌유가 더딘가 보다. 묵은 달력이 다 걷히고 새 학기가 시작되었지만, 2학년이 된 서영이는 아직도 전학을 가지 않았다. 그렇게 친했어도 만날 때마다 두 손을 가지런히 모으고 허리 굽혀 배꼽인사 하는 귀여운 모습을 오늘도 본다.

일 년간 즐거운 만남 속에 감췄던 가엾은 모습을 보는 것이 이제는 안쓰럽다. 건강해진 엄마 품에서 행복해 하는 서영이를 그려 본다. 서운하겠지만 빨리 이별의 시간이 오라며 기다린다.

(2013)

배고픈
아이들

도계장에서 시간을 허비했다. 곧 어둠이 밀려올 길을 '늦었구나.' 생각하며 가속페달을 밟았다. 화급한 마음속에 아이들 얼굴이 앨범 속 사진처럼 스쳐지난다.

다행히 수업시간 직전에 도착했다. 급히 입구 문을 열자 맛있는 저녁 냄새가 코를 자극한다. 아이들이 배를 든든하게 채웠을 것으로 생각하니 덩달아 포만감이 들며 배고픈 생각이 달아났다. 더 일찍 못 온 미안함을 대신하여 미소를 교무실로 보냈다. 웃음 머금은 얼굴로 맞아주는 선생님들과 목례를 나누면서 교실로 들어섰다.

아이들의 따듯한 숨결이 다가왔다. 우리는 하나가 된다. 일주일 만에 보는 반가움의 표현 방법들이 각양각색이다. 달려와 안기는 아이, 보고 싶었다며 농담을 하는 아이, 업어 달라며 장난을 걸어오는 아이, 몇 올 남지 않은 내 머리가 궁금했던지 슬며시 만져 보는 아이. 그렇게 자연스럽게 인사가 되어 굳이 형식을 차리지 않아도 인사를 대신하곤 한다.

아이들과 인연을 맺어 온 지도 벌써 8년이 흘렀다. 서예 수업을 위하여 본을 쓰고 있는 내게 한 아이가 다가왔다.

"선생님, 배고파요."

아직 채 가시지 않은 음식 냄새를 풍기며 말을 걸어온다.

"방금 저녁 먹었잖아. 왜, 오늘 저녁은 맛이 없었니?"

"아니요. 배불리 먹었는데도 또 배가 고파요."

'조금 전에 저녁을 배불리 먹었는데 배가 고프다니…….' 처음에는 아이의 그런 말을 이해할 수 없었다. 문득 아이가 배가 고픈 것이 아니라, 정이 고픈 것이란 생각을 떠올리고는 안아 주며 아린 가슴을 쓸어내렸다.

아이들을 관리하는 세 분의 선생님들은 40명의 또 다른 자식을 얻은 기분으로 생활한다고 했다. 아들아, 딸아, 부르며 친근하기 위해 애씀도 느낄 수 있다. 효율적인 학습과 색다른 프로그램을 지원 받기 위해 동분서주한다. 아이들을 위해 손벌려야 하는 모습이 안쓰러워 도움이 되려고 거들어 보지만 큰 도움은 되지 않는다.

다솜과 희망이라는 반으로 나뉜 40여 명이 모여 있는 이곳은 사랑으로 잘 자라기를 바라는 뜻을 담았다. 학교가 파한 후에 학원이나 학교의 방과 후 활동을 할 수 없거나 가족의 돌봄이 부족한 청소년을 위해 만들어진 곳이다. 그러니까 여성가족부에서 지원하고 제주시청에서 관리하는 결손, 조손, 편부모 가정, 차상위계층 등의 어린이가 모인 방과 후 아카데미다. 언제까지 이 아이들과 함께할 수 있을지 모르겠지만, 인연이 되는 날까지 봉사하는 마음으로 같이 호흡하며 지내려 한다.

텃밭 체험을 할 때 고구마를 구워 먹으며 숯검정을 몰래 칠하고 도망치던 아이들 웃음이 싱그럽고, 연안 체험으로 모래 갯벌을 꼬마 물떼새처럼 종종거리며 바지락을 잡던 걸음들이 눈에 선하다. 체험에 소외되고 관심에서 벗어난 이 아이들. 이 나라를 짊어지고 가야 할 아이들이 모자람 없는 교육을 충분히 받으며 자랄 수 있기를, 이 아이들에게서 많은 분의 관심이 떠나지 않기를 기대해 본다.

예쁜 모습으로 습작하는 아이들을 바라보았다. 내일은 이 아이들을 우리 집으로 초대하기로 했다. 환경교육과 미생물 체험교육을 할 예정이다. 교통 편의에서부터 편안한 일정이 될 수 있도록 내가 참여하고 있는 제주바다사랑실천협의회 회장님께 버스 지원 약속까지 미리 받아 놓았다.

교육하고 나면 고픈 배를 채워 줄 생닭 20마리가 내 차에 실려 있다. 도계장을 찾아 싱싱한 닭을 사러 갔으나 사장님인 선배가 끝까지 돈 받기를 사양했다. 고구마와 식혜, 유기농 채소, 몸에 좋다는 음식 재료로 푸짐하게 준비한다며 아내도 며칠을 분주히 보냈다.

그런 도움과 관심, 사랑이 담겼다 하지만, 먹을거리만으로 고픈 마음까지 달래줄 수는 없을 것이다. 아내는 한 명 한 명 안아 주면서 인사를 대신할 거라며 내일을 기다리고 있다.

아이들을 바라보며 배도, 정도 고프지 말았으면 하고 빌어 본다.

(2016)

마음이 고픈 아이들

농촌교육농장을 신청했다. '감청마루'라는 이름표를 달고 이른 봄부터 시작된 리모델링 공사가 10월 마지막 날이 되어서야 윤곽이 드러났다. 가족 모두가 힘든 시간을 보냈다.

오늘 주 교사로 강의할 아내는 연습을 충실히 하며 좋은 교육을 위한 준비에 나름대로 최선을 다했다. 잘해 낼 것이다. 못한다 해도 어쩌랴. 정성이 담긴 마음이면 족한 것인데.

마지막 점검이랄 수 있는 시범교육을 하는 날이 밝았다. 농업기술센터와 자문업체도 서울에서 내려와 시범교육을 기다리고 있다.

바다가 가까운 곳으로 가서 아이들을 실은 버스가 도착하길 기다렸다. 시범 교육 전에 바다를 정화하는 체험 교육도 곁들이기 위함이다. 늦잠을 잔 녀석이 있었는지 생각보다 늦게 도착했다. 버스에서 튀어나온 아이들이 달려와 반긴다. 바다를 위한 흙공 던지기가 끝나고 교육장에 도착했다.

시나리오대로 일정이 진행되었다. 평소 내게 서예와 환경을 지도 받는 아이들이다. 서예 선생님 집이라는 안정감도 있었을까, 넘치는 활발함과 천진난만한 모습으로 교육에 임한다.

보리와 엿기름을 씹어 보며 차이점을 적어 나간다. 돌절구를 찧어 보고, 맷돌을 돌려 보며 옛 전통을 몸소 체험한다. 현대식 분쇄기를 이용하여 가루도 만들어 본다. 모두가 모자란 체험인 듯 더 해보고 싶어 함에도 제한된 시간으로 접게 해야 했다.

착한 마음을 담아 숙성할 항아리에 메시지를 남긴다. '건강하게 자라줘.' '고마워, 감주야.' 아이들의 생각은 배운 대로 느낀 대로 항아리에 붙이지만, 이는 곧이곧대로 참관하는 어른들 가슴에도 전해진다.

닭장으로 갔다. 한 번이라도 더 모이를 주고 싶어 하는 마음은 나눔일까, 베풂일까, 아니면 닭에게라도 퍼 주고 싶은 정일까. 마음이 공허할 수밖에 없는 결손 가정의 아이들이 닭장 앞에서 떠나기를 멈칫거리는 듯하다.

부엌에서 손에 쥐어진 고구마는 농촌의 맛일까. 떠나 버린 엄마나 아빠를 떠올리는 맛이었을까. 고구마에 유달리 집착했다.

감주를 맛본다. 탁한 색깔에 멈추었던 마음을 단맛이 이끌었다. 종이 위에 떨어지는 글자들이 우습고 감동적이다. '호박엿 냄새가 나요.' '달달해서 맛있어요.' '너, 최고 짱이다.' '아픈 우리 할머니 갖다 드리고 싶어요.'

점심시간이다. 푸짐하게 차려진 닭고기를 바라보며 마음까지 배가 불렀으면 하는 마음을 전한다. 한 녀석이 닭고기를 앞에다 두고 고구마를 먹고 있었다.

"닭고기를 좋아하지 않니?"

"아니요. 고구마 다 먹고 닭고기도 남김없이 다 먹을 거예요."

고구마는 가면서 차에서 먹고, 고기부터 먹으라며 얼굴을 쓰다듬었다. 왜, 내 마음이 울먹이고 있는 걸까…….

1.3킬로그램. 작지 않은 백숙이 담긴 그릇을 2~3명이 거의 다 비웠다. 배가 불러서 계단을 내려가지 못하겠다는 너스레를 귀동냥하며 마음이 조금은 흡족하다.

모두 마당에 모였다. 버스를 타기 위해 흩어진 아이들이 줄을 섰다. 아내는 아이들에게 다가가 한 명 한 명 안아 주며 작별 인사를 나누기 시작했다. 인사를 나누고 차에 오르려던 6학년 H가 줄에서 빠져나온다. 뒤쪽으로 가더니 다시 슬며시 줄에 합류하는 게 아닌가, 그런 것을 알아챈 앞의 아이가 왜 또 왔냐며 물었다. 눈치를 살피며 검지를 입에 대고 작은 소리로 속삭인다.

"한 번 더 안기고 싶어서……."

지척에 있었기에 모르는 척 시선을 딴 곳으로 돌렸다. 손에 감주 한 병씩을 들고 아이들이 차에 모두 올랐다. 모래성 쌓기 해변 체험, 바지락 잡기 갯벌체험 등 적지 않은 체험을 하며 만나고 헤어져 왔다. 활짝 웃으며 떠나는 버스에서 환호하며 손을 흔들던 아이들이다. 오늘은 나와 아내, 농업기술센터 선생님들이 손을 흔들어 주는데도 무표정한 얼굴로 물끄러미 바라보기만 한다.

다른 사람들 마음에는 어떤 생각이 스쳤을까. 왜 그랬을까. 아내의 안아 주기 인사로 헤어진 가족이 문득 보고 싶어져서 그랬을까. 오늘 만남에서 아쉬움이 많이 남아서였을까. 버스는 묘한 여운을 남긴 채 그렇게 떠나갔다.

초겨울로 접어드는데도 봄 햇살처럼 따뜻한 날이다. 저 햇살처럼 따뜻하게 마음이 고프지 않았으면 좋겠다.

(2016)

부끄러운 영웅

우리 동네는 일곱 가구다. 저녁을 먹고 나면 동구 밖 팽나무 그늘에 동네 사람이 모였다. 심은 지 얼마 되지 않은 팽나무는 그늘을 만들어 주지는 못했지만 일곱 가구가 모이는 역할을 톡톡히 해냈다. 시멘트 바닥에 멍석 깔고 앉아 밤하늘의 별을 바라보며 이야기꽃을 피우곤 했다.

스물한 살 한창 나이였다. 15명이나 되는 동네 청소년들이 동네를 가득 채웠다. 나이가 많았던 관계로 적당한 허풍과 부산에서 배운 태권도의 격파를 시범으로 보이며 위선 제압을 하고 나를 따르게 했다. 우리도 늘 어른들 주변에 깔개를 깔고 앉아 무서운 이야기와 문학, 도회지 이야기로 꿈을 키웠다.

하나 있는 가로등이 수명을 다했는지 가물거리다 가 버렸지만, 보름달이 대신해 주던 밤이다. 늦은 시간 마지막으로 자리를 털고 일어났다. 방으로 들어왔지만 열대야라 잠이 쉬이 들지 않는다. 책도 읽어 보고 등물도 하며 여름밤을 식히고 있었다.

희미하게 여자의 비명이 들렸다. 어른들이 자정은 귀신이 다닌다는 시각이라 했다. 소름이 돋는다. 그런데 그 소리는 시나브로 가까워온다. 자세히 들어보니 사람의 다급한 외침이다.

"사람 살려, 사람 살려."

점점 다가온 외침은 동구 밖 팽나무 가까이 온 듯싶었다. 웃옷을 걸치며 뛰어나갔다. 팽나무와 가까운 두 집에는 할머니와 할아버지가 살고 있었다. 대문 뒤에 숨어서 바라보다 뛰어가는 나를 향해 작은 소리로 괴한을 조심하라 당부한다.

하얀 옷을 입은 여자가 쓰러져 있는 것 같고, 시꺼먼 물체가 덮치고 있었다. 어느새 동네 사람들이 몰려나와 팽나무 옆에서 지켜보고 있다. 무서워서 가슴은 방망이질하고 있었지만 다가감을 멈출 수 없다. 차돌을 격파하는 나를 본 동네 동생들은 영화 속의 장면처럼 해결될 거라 믿고 있을 것이다. 심호흡하고 용기 내어 다가갔다. 여자는 작고 떨리는 소리로 연신 "살려주세요. 이러지 마세요. 제발……."을 반복한다.

구름에 가렸던 보름달이 살며시 얼굴을 내밀었다. 검은 옷을 입은 남자가 하얀 잠옷을 입은 여자 위에 올라타서 한 손엔 주먹만 한 짱돌을 들고 위협하고 있는 게 아닌가.

"뭐하는 겁니까?" 큰 목소리로 사람이 있음을 알렸다. 인기척에 여자가 화들짝 놀라며 소리 지른다. "살려 주세요. 나를 죽이려고 해요. 제발 가지 마세요. 아저씨, 살려 주세요." 여자의 절규는 처절했다.

"돌 내려놓으세요. 그리고 일어나세요."

어디서 그런 용기가 났는지 모르겠다. 조금 전과는 다르게 떨리던 가슴이 여자의 애원에 여자를 구해야 한다는 생각으로 채워져 있었다. 사내는 돌을 내려놓고 일어섰다. 되었구나 싶어 다가가 여자를 일으켰다. 다가온 동네 사람들에게 여자를 보내고 남자를 붙잡았다. 왜소한 몸에서 술 냄새가 물씬 풍겨왔다. 내 손에 잡힌 사내의 손목은 힘이 없다. 저항을 포기한 듯 그냥 순한 양처럼 서 있기만 했다. 출동한 경찰에게 넘기자 허풍 영웅에서 진짜 영웅이 되는 순간이다.

여자는 동네 첫 집에서 안정을 취했다. 남자는 형부라고 한다. 언니가 얼마 전 암으로 유명을 달리하자 조카들을 돌봐주려고 잠시 머물렀다. 형부는 술만 먹으면 흑심을 품고 어찌해 보려고 했단다. 슬며시 피하기를 여러 번, 오늘은 잠을 자는데 이불을 들추기에 무서워 급히 집을 뛰쳐나왔다. 끈질긴 추격을 당해 붙잡혔다는 것이다.

여자는 잠도 못 자고 한숨만 쉬며 어린 조카들이 걱정되어 밤새 울었다고 한다. 아침 일찍 할머니 웃옷을 빌려 입은 여자는 조카들 곁으로 돌아갔다.

팽나무 밑에서 얻었던 사연도 더해 가며 동생들 마음을 훔쳤다. 내 말은 거짓도 사실이 되었고, 동네 아이들에게 선망의 대상이 되었다. 후에 동네 꼬마들에게 닮고 싶은 사람을 묻는 질문에 1순위가 나였다며 그 부모들이 어이없어 웃었다고 한다.

며칠 후 지서에서 부지소장이 왔다. 궁금할까 봐 알려 주려 왔다며 전해 주는 말에 머리가 숙어진다. 처제는 고향인 해남으로 떠났다고 한다. 형부가 교도소에 가면 조카들은 보육원에 가야 된다고 용서해 달라 하면서…….

남자의 해명은 처제가 고마워서, 그 고마움이 사랑하는 마음으로 변했다. 농담 반 진담 반 애정 표현에 처제가 과민 반응했다. 막내 아이를 안고 잠자는 둘에게 이불을 잘 덮어 주다 일어난 일이었다고 한다. 깊은 밤에 집을 나가는 것도 걱정되고, 이상한 소문날까 봐 데려오려고 추격했다. 너무 한다 싶은 생각과 제발 정신 차리라는 위협으로 돌을 들었다고 한다.

"비도덕적인 생각은 없는 사람 같았다. 착하고 순박하고 불쌍한 사람이다. 사건은 없었던 것으로 처리했다." 하며 부지소장은 한숨을 한 번 쉬더니 경찰 오토바이를 몰고 사라졌다.

내 손에 잡혔을 때 손목에 힘이 전혀 없었던 이유를 알았다. 저항도 하지 않는 사람을 잡고 영웅이 되었던 나는 뭔가. 수십 년이 지난 지금도 그때 동생들은 나를 만나면 영웅 대접한다. 마음은 부끄러워 쥐구멍을 찾기 바쁜데도.

(2016)

만남

실업계 고등학교에서 3개월 간 특강을 하게 되었다. 일주일에 한 번 교육을 진행한다. 학생들이 직업을 선택할 때 미래에 대한 다양한 직업군이 있음을 알려 주고 폭넓은 선택을 하게 하기 위한 프로그램이다.

미생물학을 강의하기로 했다. 눈에 보이지 않는 세균의 세계와 미생물을 활용한 다양한 상품을 개발하고 엄청난 가치를 창출시키는 목적의 강의라서 학생들에게는 생소한 내용이다.

16명의 여학생이 수강 신청을 했다. 첫 시간 만날 아이들을 상상해

보며 PPT를 준비하고 기다렸다. 시간이 지났는데도 다섯 명만 앉아 있다. 담당 선생님이 오더니 오지 않은 아이들을 데려온다며 나갔다. 30분이 늦어진 시간에 모두 자리를 메웠다. 학생들은 나를 한번 힐긋 쳐다본 후 스마트폰으로 시선을 가져간다. 화장을 고치는 학생, 하품하며 잠을 청하려는 학생도 있다. 처음 대면한 이들은 아직 여드름도 채 가시지 않은 청순한 모습이다.

호통치며 담당 선생님이 당부하는 말도 한쪽 귀로만 듣는다. "실업고 학생들은 공부보다는 체험을 잘합니다." 하는 말로 미안함을 대신하며 교실을 나갔다.

50대 후반 남자의 엄한 말투로 휴대전화를 모두 서랍에 넣으라고 다그쳤다. 마지못해 넣기는 했지만, 손은 문자를 찍고 있다. 보지도 않고 문자 찍는 실력을 공부에도 적용했으면 하는 생각을 하며 한심하다는 속내를 숨겼다.

스스로 최면을 걸었다. '나는 알아주는 강사다. 수백 명 앞에서 강의를 수도 없이 해왔던 경험과 전국경연대회 대상, KBS한국방송 초대석 강연도 했던 내가 너희들 16명쯤이야…….'

본격적인 강의 전 아이들의 시선을 잡을 한마디를 던졌다.

"지금 공부할 미생물은 콜라겐을 함유하고 있어 피부를 예쁘게 하고, 여드름을 진정시키는 작용을 한다. 나에게 맞는 맞춤형 스킨도 하나씩 만들어 보자."

학생들의 숨었던 손이 위로 올라오고 자세를 바로잡는다. 이를테면 나에게 낚인 학생들과 수업을 시작했다. 어려운 말은 빼고 초등학교 3학년 수준으로 유머를 섞어 가며, 장난도 하며 강의했다.

학생들은 호기심으로 집중했다. 화면에서 헤엄치는 세균을 바라보며 눈이 휘둥그레졌다. 궁금해서 확인하러 왔던 선생님도 복도에서 의외의 반응에 놀라는 눈치다.

미생물을 활용하여 내 피부 맞춤형 스킨 만들기 하는 날이다. 한 학생이 이 스킨으로 피부 관리 가게를 운영할 거라고 하자, 다른 학생이 자기가 먼저 생각한 거라며 양보하라 한다. 웃음바다가 된 교실에서 모두 하나가 되어 갔다.

학교에 큰 행사가 겹쳤던 날이다. 행사 참여로 여섯 명이 수업에서 빠졌다. 폐식용유로 자동차 연료를 만들어 넣고 시험 운전한다는 핑계로 교장 선생님께 외출 허락을 받아냈다. 갤로퍼 차량에 끼여 앉고, 무릎에도 앉아 시원스레 해안도로를 달렸다. 소풍 가는 기분이라며 무척 좋아한다. 공부 시간에 학교를 빠져나온 것만으로도 특별한 일이라며 흥분했다. 경치가 좋은 곳에서는 사진을 찍으며 자연을 즐겼다.

학생들과 자연스럽게 친해졌다. 부끄러운 이야기도 서슴지 않게 하고, 남자 친구 이야기도 하는가 하면, 쉬는 시간에 남자 친구를 불러서 소개도 해준다.

쉬는 시간이었다. 한 학생이 "유방." 하고 맨 뒤에 앉은 학생을 불렀다. 짐작은 갔지만 놀라는 척 말을 던졌다.

"별명이 한나라 황제야? 그렇게 대단한 학생이야?"

"유방이 황제에요? 우리는 역사는 물론 공부랑 담을 쌓았어요. 그래서 잘 몰라요. 재미있을 것 같은데 '유방' 이야기해 주세요."

간단하게 춘추시대 중국 역사를 알려 주었다. 기회가 주어졌을 때 잘 잡는 것도 유방이 나라를 얻듯이 너희들도 앞으로 기회를 잘 잡으라며 이야기를 마무리했다.

유방이란 아이를 바라보자 내 궁금증을 해결해 주려는지 본인 스스로 하는 말이 걸작이다.

"아이들이요, 제가 유방이 크다고 부르는 별명이에요."

까르르 웃는 아이들 속에서 나도 웃는다.

어느덧 날이 흐르더니 3개월이 지났다. 어느 곳에서든 헤어짐은 마음이 아리다. 보고 싶을 거라는 녀석이 집에 찾아가도 되느냐고 묻는다. 집사람이 무서워서 오지 말라 하고 웃어 주었다. 우리 학교 선생님이었으면 좋겠다는 녀석에게 나도 학과 공부를 강의했으면 똑같았을 거라며 미소를 보내주었다.

교문까지 배웅 나온 학생들과 3개월의 짧은 만남을 끝맺고 산을 넘어 집으로 달렸다. 아이들의 싱그러운 웃음소리가 뒤를 따라오는 것 같았다.

(2014)

미소를 파신 사장님

열일곱 살에 부산에서 점원 생활을 했다. 가구점에 납품하는 철물과 각종 부품을 취급하는 가게였는데 사장님이 직접 디자인한 독립된 상품도 있어서 꽤나 규모가 있는 도매상이었다. 직원도 부산 시내 배달 사원이 셋, 시외로 나가는 화물을 담당하는 직원도 따로 있었다. 나는 사장님과 같은 고향 사람이라는 특혜 아래 수금, 장부관리를 맡아서 일했다.

이웃 가게들은 자개 가게, 무늬목 가게, 칠기 도매상들로 당시에 붐이 일었던 가구에 대한 부품을 취급하고 있었다. 주변 작은 가게에서부터 전국 도시와 지방까지 주문 받은 부품들을 포장하여 화물로 부치고, 부산 시내에 있는 가구 공장에는 배달하게끔 준비했다. 하루에 많게는 수백 사람이 넘는 구매자를 받으려면 시간이 정신없이 흘러갔다.

가장 힘든 손님은 부산 시내 작은 가게에서 오는 사장님들이다. 조금이라도 싸게 물건을 사야 중간 이윤을 볼 수 있으므로 흥정이 싸움 같았다. 물건 값 깎기, 덤 챙기기, 잔돈도 주지 않는 일이 늘 있었다. 장부에 기재하고 재고 장부를 정리할 때면 여간 신경 쓰이는 것이 아니다. 한마디로 점원인 나에게는 제일 미운 손님이다. 하지만 사장님에게는 박리다매의 쏠쏠한 수입원이었기에 소홀히 대할 수 없는 거래처였다.

그중에 60세쯤 되어 보이는 박 사장님이란 분이 계셨다. 단 한 번의 역정도 싫은 소리도 없이 계산해 주는 대로 가져가고 항상 하회탈 같은 미소를 머금었다. 점원인 나에게도 넘칠 정도로 다정하게 대해 주셨다. 가끔 호주머니에서 사탕 하나를 꺼내 "이거 묵어라." 하시며 건네주시는 자상함까지 있는 분이셨다. '이런 손님이 가게에는 봉이겠구나.' 생각하며 박 사장님 같은 분만 있으면 돈 벌겠다 싶었다. 외상 대금도 독촉할 필요 없이 물건 살 때 직접 주셔서 자전거를 타고 수금을 위해 다녀야 하는 번거로움까지 덜어 주셨다. 근무한 지 여러 달이 흘러갔다. 다른 소매 점포는 수금을 하러 다니다 보니 가게 위치를 다 알고 있었지만, 박 사장님 가게는 한번도 가보지 못했다.

처음에는 물건 대금을 계산할 때 정상적으로 처리하고 덤도 드리지 않았다. 그런데도 웃으시며 수고하라는 인사까지 해 주신다. 굳이 힘들게 덤을 드리고 잔금을 깎아드리며 장부를 복잡하게 하고 사장님께 설명까지 해야 할 번거로움을 피해 갔다.

시간이 흐를수록 나도 모르는 사이 조금씩 박 사장님의 친절과 미소에 빠져들어 갔다. 힘든 손님을 보내고 난 다음 박 사장님이 생각나고, 우울할 때는 박 사장님의 밝은 미소와 마음을 담아 주셨던 사탕이 그리웠다. 마음을 빼앗긴 다음부터는 좋은 물건은 박 사장님 몫으로 챙겨두고 한두 개 포장하다 남는 물건도 박 사장님 몫으로 숨겨두었다가 슬며시 넣어 드렸다.

무더운 여름 월말에 수금하러 나갔다가 산꼭대기에 있는 거래처로 자전거를 끌고 오르기 시작하는데, 예쁜 목소리로 "양 군아!" 부르는 소리가 들렸다. 물건 사러 왔을 때 가끔 보았던 박 사장님 따님이 손짓하는 곳으로 갔더니 쉬었다 가란다. 처음 보는 세 평 남짓한 작은 가게에 아주 작은 간판, 작은 선풍기 한 대와 작은 책상 하나가 전부인 소매 가게다. 이것도 가게인가 싶어 속으로는 웃음이 나왔다.

"내는 스무 살이다. 누나라고 불러라." 살가운 경상도 사투리로 대놓고 말한다. 콩국 한 사발을 사 주며 마시란다. 시원한 얼음물에 고소한 콩물, 그리고 부드럽게 넘어가는 우뭇가사리를 넣어 만든 우무 국수는 세상에서 제일 맛있고 더위를 쫓는 음식이라 생각할 만큼 시원했다.

젊음이 꽃피는 한창 나이였다. 여드름이 하나씩 나 있는 그 누나와는 달리 만개한 내 얼굴을 보며 걱정한다. 자신이 바르던 연고를 챙겨주는 마음씨는 꼭 아버지를 빼닮았나 보다. 나는 박 사장님에 이어 딸에게도 마음을 빼앗겨 버렸고 그 후로는 수금 나갈 때마다 들르곤 했다.

박 사장님과 따님을 따르고 좋아하다 보니 두 분을 조금은 닮아 갔는지, 주변 상회마다 탐을 내는 점원으로 성장했다. 의도했든 아니든 박 사장님이 사람의 마음을 움직이는 것은 진솔한 마음과 욕심을 버리는 것 그리고 미소였다.

작은 가게였지만 많은 거래처를 두고 많은 것을 얻어 낼 수 있었던 비결이었다. 물건을 사러 오신 분이 미소를 파시고 내 마음과 덤, 에누리를 손에 쥐셨던 박 사장님은 훌륭한 사업가였다.

세월이 흘러 고향으로 돌아와 사업을 시작했다. 미소가 보기 좋다는 말을 종종 들었고 사업도 잘되었다. 박 사장님 덕분이 크다.

오늘도 검게 그은 얼굴에 박 사장님 미소를 떠올린다. 값으로 매길 수 없는 그 미소가 마음 한구석을 차지하고 있다.

나도 누군가에게 박 사장님만큼 미소를 팔 수 있다면 성공한 삶일 거라고 생각해 본다.

(2012)

불륜

알몸으로 누워 있던 남녀가 놀라서 일어났다. 남편의 손에 들린 몽둥이를 보자 여자가 남편 앞을 막았다. 그 틈에 정부는 겉옷만 들고 창문을 통해 도망쳤다. 여자가 막아섰기 때문에 늦어졌다. 남편과 같이 쫓아가 보았지만 그놈이 탄 소형 트럭은 저만치 가고 있었다. 방으로 들어온 남편에게 여자는 옷을 챙겨 입으며 당당하게 한마디한다.

"네가 해준 게 뭔데? 나, 찾지 마라."

대답할 힘마저 빠져 버린 그는 원망스러운 현실에 털썩 주저앉는다. 어린 아들이 방문 틈새로 눈물방울 떨구며 들여다보고 있다. 바라만보던 내 가슴이 답답해 미칠 것 같았다.

종적을 감춰 버린 연놈을 찾아 정부의 집에 가보았지만, 그 집도 풍비박산 나긴 마찬가지다. 만류해도 듣지 않고 변호사 사무실을 찾아가 이혼을 상담하고 있었다. 아는 사람 보기에 부끄럽다며 제주도를 떠난 그의 안부가 궁금하다.

"집으로 오게. 한잔하자."

한 달에 한 번, 어김없이 그가 돌아올 때마다 우리를 초대했다. 다시 어선으로 돌아가는 날까지 며칠 동안 동네 가족 모임을 하는 우리는 맛있는 생선 요리를 먹었다. 아빠, 남편이 보고 싶은 가족의 마음처럼 우리도 그런 즐거움이 있었기에 그가 돌아올 날을 손꼽아 기다렸다.

그는 배를 타고 조업을 나갔다가 아내와 아이들이 한 달 동안 먹을 바닷고기와 소줏잔을 기울이며 우정을 나눌 귀한 안줏거리를 늘 준비해 돌아왔다. 늦장가를 든 그는 다섯 살과 두 살 아들을 두고 있었다. 애처가와 공처가를 합친 사람이라 할 만큼 아내를 끔찍이도 사랑하고 복종(?)했다. 과거에 선박 주방일을 담당했던 그는 요리도 잘했다. 집에 돌아온 날이면 항상 앞치마를 두른 그를 볼 수 있었다.

다섯 살 큰아들은 한글은 물론 한자와 영어도 제법 아는 영특한 아이였다. 힘든 삶을 사는 가난한 어부였지만, 아이 교육을 잘하는 아내와 똑똑한 아이를 얻어 늘 행복해 했다. 가족과 함께하는 시간이 짧아 항상 미안한 마음으로 최선을 다했고, 모임이 끝나고 승선하는 날이면 연신 가족의 안위를 부탁하며 걸음을 옮겼다.

그와 가장 친하게 지내는 친구로부터 전화가 왔다.

"차량 조회할 수 없을까? 아무래도 ○○ 엄마가 바람난 것 같아, 집 앞에 낯선 트럭이 자주 보여."

아는 경찰관에게 부탁하여 차량을 조회했다. 나이와 주소를 알아내어 불륜 사실을 알게 되었다. 여러 날 망설이다 그에게 사실을 알렸다. 그는 부산항에 어선이 정박했을 때 연락도 없이 살며시 돌아왔다. 우리에게 도움을 청하고 밤이 되기를 기다렸다.

집 앞에는 내가 조회했던 소형 트럭이 세워져 있었다. 약간 열려 있는 거실 창문으로 두 개의 방문이 환하게 보였다. 아이들에게 작은 방에 있으라 했겠지만, 문을 빼꼼히 열고 훔쳐보고 있다. 아빠가 아닌 남자가 엄마와 함께 있는 방문을 바라보고 있는 눈이 애처롭다. 아이는 엄마를 빼앗아 간 남자를 원망하고 있는 듯 보였다.

하늘도 분노할 연놈의 소리를 듣자 하니 역겨움에 얼굴이 찌푸려졌다. 내가 이런데 그는, 하는 생각으로 바라보니, 고개를 숙이고 소리 없는 눈물을 흘리고 있다. 위로조차 할 수 없는 상황이 막막하기만 했다.

잠시 숨을 고르더니, 눈이 마주친 아이에게 현관문을 열라고 손짓한다. 아이는 아빠의 뜻을 이해하는지 살며시 문을 열었다. 당사자인

아버지와 어린 아들이 어떻게 그리 침착할 수 있는지 놀라웠다. 그는 방망이를 들고 불륜이 한창 벌어지고 있는 방문을 거칠게 열었다.

드라마 속에서나 볼 수 있는 생생한 일이 지척에서 일어나고 있었다. 지켜보는 우리는 분함이 치밀어 오르며 몽둥이를 든 손에 힘이 빠진다. 더 지켜보기도 민망하여 마당 한쪽 구석에서 분을 삭이고 있었다. 그러다 보니 해야 할 일도 못하고 도망가는 정부를 놓쳤다. 착한 남편 두고 보쟁이질이나 하는 그런 여자와 한동네에 사는 것이 불결하게 느껴질 만큼 기분은 엉망이다. 모임하며 같이 밥을 먹었다는 사실에 속이 다 메스꺼웠다.

작은 땅이지만 집 지을 대지도 사 놓고, 소박한 행복을 꿈꾸던 그는 아이들과 함께 제주도를 떠났다. 충격 받은 우리는 모임을 해체했다. 극히 일부겠지만 동정 어린 말도 들리긴 했다.

"젊은 여자가 남편 없는 밤이 힘들어서 정부를 구했겠지."

그런 말을 하는 사람을 두고 같은 인간일 거라 생각하며 도리질했다. 아이가 문틈으로 정사 장면도 지켜보았다는 말을 들으며 치정이란 단어조차도 떠올리기 싫을 만큼 화가 난다. 어미로서 자격 없는 죄악을 저질러 놓고 달아난 인간, 아이에게 평생 지울 수 없는 나쁜 기억으로 남을 어미. 아이가 올곧게 자랄 수 있을지 걱정된다.

어물전 앞을 지나다가 생선을 바라볼 때면 어부인 그와 아이들이 떠오른다. 불륜이 가져다 준 가정 파탄이 그들만은 아니겠지만 잘 아는 사람에 의해 받았던 충격은 아직도 가슴을 쓸어내리게 한다.

감정을 자제하지 못하면 짐승과 다름이 없다. 사람이기에 옳고 그름을 판단하여 행동해야 하겠지.

누군가에게 손가락질 받지 않게 최선을 다한 하루였는지 오늘도 나를 돌아본다.

(1993)

요녀

동방예의지국에 양반 마을, 선비 마을, 항일 마을이 우리 마을이다. 기개가 높고, 일제 시절에 일본 놈도 함부로 할 수 없었던 마을, 그래서 지금도 좋은 뜻과 독하다는 뜻으로 '조천 사람 앉아난 데는 풀도 안 난다.'고 한다. 그만큼 고집스럽게 철저하고 지킬 것은 지키며 사는 강한 사람들이라는 것일 게다.

1990년 이런 우리 마을에서 강력 범죄 사건이 일어났다.

말도 없고 착하고 남편 말도 고분고분 잘 듣는 한 여자가 있었다. 남편은 가난하였지만 남의 과수원에 농약도 살포해 주고, 거름도 실어 주고, 쉬는 날 없이 막노동하며 집안을 잘 꾸려 나갔다.

부부합궁 관계나 그 집안 깊은 속사정이야 어찌 알 수 있으랴만, 겉으로 보이기에는 착하고 어진 사람들로 평이 좋았다. 한마디로 법 없이도 살 사람 중에 첫 번째로 꼽을 부부라고 칭찬이 자자했다.

늦게 결혼하였지만, 어느덧 다섯 살 아들과 세 살 딸이 건강하게 뛰어노는 모습을 볼 수 있었다. 부부가 그렇게 착하게 살던 어느 날 하늘이 무너지는 사건이 일어났다.

아들이 납치되어 돈을 요구하는 협박 편지가 배달되었다. 마을 사람들은 착한 부부를 진심으로 걱정하며 마음 아파했다. 그런데 의아해하는 말도 많았다. 돈도 별로 없는 가난한 농부의 아이를 납치한 것도 의문이라 하고, 혹은 부지런하니 현금은 많이 모았을 거라는 등 별의별 추측을 하며 시간이 흘러갔다.

경찰서에서는 조천파출소에 수사본부를 설치하고 본격적인 수사에 들어가자, 마을 사람들은 모두가 용의자가 된 듯 긴장했다. 부부를 위해서도, 마을 사람들을 위해서도 빨리 범인이 잡히길 기다렸다.

범인이 검거되었다. 아이는 이미 살해되어 암매장되었다는 말에 마을 사람들은 눈물을 쏟았다. 아이의 시신이라도 찾았다는 소식이 나오기를 가슴 졸이며 기다렸다.

그런데 범인이 누구인지를 알고 난 사람들은 경악했다. 범인은 언청이 장애를 가진 자로, 아이 부모와는 각별한 사람이다. 가여운 장애인이라며 가난한 농부는 동생처럼 돌봐 주었고 끼니를 같이 먹는 날이 허다했을 정도로 가족 같았던 남자였기에 사람들은 놀란 입을 다물지 못했다.

은혜를 원수로 갚았다느니, 아는 사람이 더 무섭다느니 말들이 많은 중에 마을 사람들 가슴을 더 터지게 하는 수사 결과가 나왔다. 그 언청이와 살해된 아이의 엄마가 지금까지 불륜을 저질러 왔다고 한다. 남편에게 돈을 뜯어내어 멀리 도망가서 살자 모의하여 엄마가 아들을 내어 주었다니…….

엄마가 언청이를 따라가라고 한 사실을 아이가 알고 있어서 사건을 은폐하기 위하여 살해했다고 자백했다. 치정이란 그렇게 무서운 것일까, 마을 사람들은 치를 떨었다.

설령 남편이 밤일을 만족시켜 주지 못하였다 해도 욕정이 가정 행복보다도, 아들 목숨보다도 그렇게 갈망해야 하는 것인지 이해할 수 없다며 자기 일인 양 다들 분개했다. 마을 사람들은 모이면 사건 이야기를 하면서 쳐죽일 년이라며 손가락질했다.

충격이 가시기도 전에 마을 사람들은 또 울분을 토하고 있었다. 남편이 아내를 용서하고 경찰서에 선처를 부탁하여 수갑이 풀리고 집으로 돌아갔다고 한다. 남편은 부처일까 아니면 바보일까. 그 여자는 심장이 돌로 만들어지고 강철로 얼굴을 씌운 철면피일까, 어떻게 동네 사람들 얼굴을 볼 수 있을까, 남편과는 과연 잘 지낼 수 있을까, 남편은 자식을 죽게 한 년과 과연 잘 지낼 수 있나. 아무리 좋게 생각하려 해 봐도 어이없는 일이다.

사건은 범인이 사형 선고를 받고 마무리되었다. 그 후 사람들은 그 여자를 보면 고개를 돌려 외면하거나 땅에다 침을 뱉으며 지나갔다.

그들은 마을을 떠났다.

오랜 세월이 지난 지금도 가끔 치정이나 살인 사건 소식이 들려올 때면 그 사건이 먼저 떠오른다.

사람이 금수와 다른 게 무엇인가. 예의와 규범을 알고 사유를 할 수 있는 것 아닌가. 더는 금수 같은 인간이 나타나지 않았으면 한다. 좋은 세상 만들기에 펜의 힘으로 앞장서는 사람이 많았으면 좋겠다.

(2016)

욕심

천진난만한 아이들의 까만 눈동자가 참 좋다. 토요일마다 조천읍도서관에서 서예 지도를 한 지 5년이 지나간다. 시간이 흐를수록 배우러 오는 수강자가 늘어 가르쳐 주는 입장에서도 신이 났다.

어른 10명에 청소년이 20여 명이 되었다. 자리가 없어 2부로 나눠 지도해야 했다. 3회 결석하면 자동 제명하기로 할 만큼 인기가 좋은 무료 강좌로 자리 잡혀 갔다.

한 중년 부인이 2학년과 4학년 아이 손을 잡고 서예실로 들어왔다.

한눈에 큰아이가 정상이 아님을 알 수 있었다. 그러한 사실을 숨기고 아이와 함께 서예를 배우고 싶다 하는 부인에게,

"그렇게 하세요. 요즘 그림이나 서예가 자폐아에게도 좋다는 말도 있으니 좋을 겁니다. 장애인들에게 서예 지도로 정서 치료를 위한 강의도 나가고 있습니다. 마음 편히 오도록 하십시오."

내 말을 들은 부인은 반가운 마음이 아닌, 숨기고 싶은 비밀을 들킨 사람처럼 놀라는 눈치였다. 서예를 배우는 데 엄마의 간섭이 너무 심했다. 욕하고, 윽박지르고, 심지어는 정상 아이도 어려운 성과를 기대하며 화를 냈다. 정숙했던 서예실에 부인의 목소리가 쩌렁쩌렁 울렸다. 욕심으로 가득했다. 내 지도가 필요 없었다. 모든 쓰기와 준비도 엄마가 시키고 지도하고 있었다. 아이가 오히려 더 증상이 심해질 것 같은 느낌이 들었다. 특히 서예를 배우는 아이 중에는 초등학생들이 많은데, 아이들에게 더불어 사는 것을 배울 수 있어서 좋을 것이라던 내 생각과 반대되는 결과가 나오지나 않을까 걱정되었다. 모든 아이가 숨죽여 바라보며 부인의 성화에 주눅 들어 눈치만 살핀다.

조심스럽게 내 의견을 말했다. "서예실에서는 저의 지도를 따라주시고, 아이의 붓글씨도 저에게 맡겨 주세요." 그 후 세 번 나오더니 더 나오지 않았다.

아들이 초등학교를 입학하자 같은 반이 된 자폐아 아이가 있었다. 3학년이 되던 어느 날 아들이 학교를 다녀오고 내게 대단한 일을 당한 듯이 말했다.

"아빠, 우리 반 재영이 있잖아, 오늘 친구들과 집으로 오는데 재영이 아빠가 나만 오라고 하더니, 붕어빵이랑 어묵을 사 주며 재영이 잘 부탁한대……."

"그래? 잘 돌봐줘, 너 착하게 보였나 보다."

"아냐, 내가 우리 반에서 싸움 1등이잖아, 괴롭히지 못하게 할 수 있어. 짝꿍해도 될까요?"

그 후 모두가 싫어하는 자폐 아이를 아들이 자원하여 짝꿍이 되었다. 자연히 재영이를 놀리는 아이도 드물어 갔단다.

그런데 아들의 말을 듣고는 아니다 싶었다. 가끔 그 아이 아버지가 교실로 찾아와 아들과 같이 수업을 받을 때가 있다고 한다. 물론 선생님 허락을 받았지만, 아들은 자기의 자리를 재영이 아버지에게 양보하고 뒤쪽에 임시 자리를 마련하여 수업을 받는다는 것이다.

아이가 소리를 지르거나 딴짓을 하면 바늘로 무릎을 찔러서 제지하는데, 그런 것을 볼 때는 무섭다며 얼굴을 찡그렸다.

재영이 아버지를 만났다. 특수반에서 수업을 받게 하는 것이 좋을 것 같은데, 아버님 생각은 어떠시냐고 의향을 물었다. 재영이 아버지는 특수반으로 보내고 싶지 않다고 했다. 정상적인 아이들하고 있어야 빨리 정상으로 돌아올 것 같아서 특수학교를 안 보내고 있다며 도와 달라는 눈치다. 자폐아를 가진 부모의 마음이 오죽하면 그럴까 하는 이해를 해보지만, 욕심이라는 생각이 들었다.

운영위원회의 때 재영이 문제를 거론했다. 이해하기 어려운 과목

시간만이라도 특수반에서 교육을 받도록 하자는 쪽으로 의결이 되었다. 교장 선생님이 재영이 아버지를 만나 설득하여 특수반 수업을 받기 시작했다. 일반 교실에서 생활하는 것보다 전문적인 특수 교육 지도를 이수한 선생님의 지도를 받으며, 재영이는 적게나마 달라지기 시작했다.

학부모회의가 있을 때 재영이 아버지를 만났다. 처음에는 오해했다고 한다. 아들과 함께 짝꿍 된 것이 싫어서 운영위원장의 위치를 이용하여 그렇게 조치를 하지 않았나 서운했었다고. 그런데 특수반에서 조금씩 달라지는 아이를 보면서 아예 특수학교로 전학을 준비 중이라며 덕분에 무지함을 깨우치게 되었다고 했다.

재영이 아버지처럼 내 아이 수준을 인정하는 부모가 되는 것이 교육에 도움이 될 것이다. 학원에 보내면 성적이 오를 것이란 생각을 하게 된다. 사람의 능력에는 한계가 있다. 20점짜리에게 당장 100점을 원한다면 아이는 심한 스트레스를 받을 것이다. 모든 부모가 내 아이의 능력을 알 수는 없다. 그러나 부모의 지나친 욕심이 때로는 아이를 망치게 하고 주변 아이들 정서까지 무너뜨린다.

지적장애인들에게 정서 치료를 했던 도록들을 펼쳐 보며 대조되는 두 아이를 떠올려 본다. 지금은 어떻게 변했을지 궁금하다.

(2007)

횡재

가족 약속의 날이다. 한 달에 한 번 가는 장애인 시설에 봉사활동을 위해 출발했다. 우리 가족은 10년 동안 그 약속을 잘 지켜왔다. 봉사하는 날이 셋째 일요일로 정해져 있었기에 다른 약속을 잡지 않으면 되는 일이었다. 달리는 자동차 속은 늘 네 사람의 웃음과 못다 한 이야기가 같이했다.

아들이 입대를 했다. 자동차에 한 자리가 비었을 뿐인데 텅 빈 느낌이다. 빈 가슴을 딸이 수다로 잘 메워 주었다.

딸도 교환 학생으로 외국으로 떠나 버렸다. 뒷자리에서 들려주던

웃음도 이야기도 모두 사라졌다. 자꾸만 뒤를 돌아보며 아내는 없는 아이들을 그리워했다.

아들과 딸이 떠나자 할 일이 적어진 아내가 소일거리를 늘려나갔다. 생활개선회, 전통음식연구회, 민요봉사회에 가입하여 부지런히 활동했다.

그날은 지나온 날과도 또 달랐다. 아내의 민요공연 봉사활동과 가족봉사활동이 겹쳐버렸다. 혼자서 '작은예수회의집'으로 가야 했다. 수녀님께 "대표로 혼자만 왔습니다." 하고 웃었더니 내막을 아시는 듯이 반갑게 맞아 주신다. 원생들은 딸아이는 언제 오냐고 인사 하며 10년의 정을 확인해 준다. 간단한 수리, 장애인과의 대화, 미생물 배양하기 등 나름 바쁜 시간이 지나갔다.

할 일을 끝내고 집으로 차를 달렸다. 홀로 다니다 보니 아침도 점심도 거른 것이 생각났다. 우유라도 하나 사먹을 요량으로 작은 슈퍼 앞에 차를 세웠다. 길바닥에 큼지막한 노트가 떨어져 있기에 주워들었다. 내용을 살펴보니 수많은 거래처와 납품 목록, 납품금액이 적혀 있다. 중요한 장부라는 생각에 겉에 적힌 연락처로 전화를 걸었다. 젊은 남자가 전화를 받는다.

"혹시 장부 잃어버리지 않았나요?" 전화를 끊지 못하고 한참을 머뭇거린다. 운전 중인 것 같은데 아마 부산한 소리로 보아 찾아보는가 보다.

"아, 네, 장부가 없네요. 지금 어디십니까? 없으면 안 되는 장부인데…….”

“○○ 부근입니다.”

“지금 배달 중이라서. xx마트 앞에서 받았으면 좋겠는데…….”

“집과 반대 방향인데 어쩌죠?”

“…….”

대답이 없다. 많이 바쁜가 보다는 생각이 들었다. 할 일 없는 일요일이라 시간도 있고 하여 xx마트 앞으로 가겠다고 약속했다. 슈퍼로 들어가 우유 하나를 구입하고 허기를 달랬다. 맛있어 보이는 빵을 보며 ‘빵도 하나 사먹을까?’ 하다가 그만두었다.

뭔지 모르는 횡재한 기분이 들었다. 오늘 장애시설 봉사와 이것 또한 봉사니 두 배로 복(?) 받을 거라며 미소를 지었다. 오던 길로 차를 돌려 약속 장소로 달렸다. 왕복 거리로 계산하면 짧은 거리가 아니기에 ‘사례비는 아니라도 기름값은 주겠지…….’

약속 장소에 도착하여 30분을 기다렸지만, 노트 주인은 나타나지 않는다. 두 끼를 거른 배가 작은 우유 하나로 부족하다는 듯이 빨리 밥 달라 보채고, 마트에서 하나 사 먹을까 망설이던 빵이 눈에 밟힌다.

전화를 걸어 이미 오래전에 도착하여 기다리고 있음을 알렸다. 배달하며 가는 길이라서 시간이 걸린다고, 조금만 더 기다려 달라며 미안해 한다. ‘할 일도 없는데……. 그래, 미안할수록 대가는 있겠지.’ 하며 너그럽게 천천히 오라고까지 말했다.

정말 볼일 다 보고 온 것인지 한 시간도 훨씬 더 지나서 커다란 트럭이 내 옆에 섰다. 차에 적힌 글을 보니 식품 종류를 납품하는 차인 것 같았다. 30대 초반으로 보이는 젊은이가 내리더니 다가와 꾸벅 인사한다. 장부를 받더니 다시 꾸벅 인사를 하고 차로 간다. '과자라도 몇 봉지 가지러 가는 건가? 고맙다는 말 한마디도 안 했으니 다시 돌아오겠지?' 트럭 옆면에 쓰인 뜻 모를 광고를 바라보는데, 내 바람을 무시하고 흑색 매연을 뿜으며 가버렸다. 허탈했다. 배는 더욱 고프다며 호통을 친다.

잠시 앉아 있다가 차 문을 잠그고 xx마트로 들어갔다. 굶주린 배가 시키는 대로 이것저것 카트에 담았다. 아니, 어쩌면 애꿎은 화풀이인지 모르겠다. 계산하려고 보니 신용카드가 든 지갑이 없다. 차에 두고 내렸나 보다. 다시 차로 가는데 배가 고파서, 뭔가 손해 봤다는 생각에 서글프고 화가 났다.

호주머니에 있을 줄 알았던 차 열쇠가 없다. 차 속에서 얄밉게 가버린 그놈처럼 바라보고 있었다. 비상키도 지갑 속에 들어 있는데……. 비상사태를 대비하여 감춰놓은 최종 비상키를 찾으려고 흙먼지 떨어지는 차 밑으로 머리를 디밀어야 했다. 1년 만에 햇빛을 보는 비상키가 먼지를 잔뜩 뒤집어쓴 비닐봉지에 꼭꼭 싸였다가 구원의 손길이 되어 주었다.

운전하며 바나나와 빵을 허겁지겁 먹었다. 허기가 사라지자 헛물켜던 내 모습이 바로 보인다. 대가를 바라지 않았더라면 이렇게 허무

하지 않았을 것을……. 물질에 욕심을 부렸으니 부끄럽다.

나이로 보아 하니 사장은 아닐 테고, 영업하는 직원이라면 회사 물건을 함부로 할 수 없었겠지. 고마움을 표현하지 못하는 자신이 많이 불편했을 텐데, 미안한 마음에 인사도 제대로 못 했을 젊은이를 생각하니 미안한 마음에 얼굴이 붉어진다.

배고프게 관리했던 오늘의 나를 돌아보았다. 아마 허기가 없었다면 여유 있게 웃었을 거라고 합리화해 본다. 문득 배고픔에 시달리고 있는 북한 동포, 소말리아 해적과 난민이 떠오른다.

큰 것을 얻었다. 좋은 경험으로 지금보다 조금 더 성숙해진 나를 만들어 갈 수 있을 것 같다. 이보다 더한 횡재는 없으리라.

(2011)

6부

갈증

갈증

2000년 8월 어느날 새벽 네 시, 아이들을 깨우고 차에 태웠다. 랜턴을 비추자 아들은 조천 바닷가에서 준비한 페트병에 바닷물을 넣었다. 배낭에 집어넣고 우리 차는 남원으로 달렸다. 후텁지근한 바람과 함께 동살이 보이기 시작한다. 남원 바닷가에 조천 바닷물을 비워 주고 남원 바닷물을 길어 넣는 모습을 카메라에 담았다.

아들과 딸을 바닷가에 두고 소천으로 돌아왔다. 인제 이네와 함께 남원으로 출발이다. 바람 한 점 없고, 구름 한 조각 없는 맑은 하늘,

더위는 점점 심해졌다. 아이들 걱정으로 발길이 빨라진다.

저 멀리 아이들일까, 점으로 보이던 게 확인되는 순간 무사함만으로도 기뻤다. 아이들은 엄마 품으로 달려들었다. 남조로 중간지점에서 우리 가족은 이산가족이 되었다가 만난 것처럼 들떴다. 김밥을 나눠 먹고 다시 행군이다. 저만치서 손을 흔드는데, 딸아이가 울음을 터트렸다. 우리 부부는 종단을 포기하고 아이들 뒤를 따르기로 했다.

여름 방학이 되자 아이들이 제주도 종단을 제안했다. 할 거면 둘만 할 수 있겠느냐는 물음에 두려운 듯 망설이더니, 하겠다고 한다. 이벤트로 조천 바다와 반대쪽 남원 바다를 친구 맺어 주자는 딸의 발상으로, 바닷물을 떠다가 교환하여 부어 주기로 했다. 날짜를 정하고 계획을 세워 아침마다 훈련에 들어갔다.

아들과 딸은 남원에서 출발하고 아내와 나는 조천에서 출발하여 중간 지점에서 만나 김밥을 먹고 헤어진다. 목적지에 도착하면 우리는 버스로 돌아온다는 계획이었다.

아스팔트가 녹아내려 흐물거렸다. 몇 분만 걸어도 발바닥이 뜨거웠다. 돌멩이가 많아 불편했지만, 갓길 따라 걸었다. 앞서 걸어가는 아들의 배낭에 꽂아 놓은 종단이라고 쓴 삼각 깃발도 주인처럼 축 늘어졌다.

키 작은 아홉 살 딸아이의 얼굴은 아스팔트 열기를 받아 벌겋다.

이대로 강행군을 해야 할지 망설이게 했다. 500밀리리터 하나씩 준비한 식수는 이미 바닥난 지 오래다. 갈증에 입이 말라 말하기조차 힘들 지경이다.

오후 두 시 햇빛은 더욱 기승을 부리며 내리쬔다. 수십 년 만의 폭염이라는 사실도 모른 채 걷고 또 걸었다. 가끔 씽 하고 지나가는 차가 부럽고 무심결에 도움을 청하고 싶다. 부러운 눈으로 바라보는 아이들을 보며 어떤 차는 주춤거리다가 지나간다. 아들이 바닷물이라도 조금 마시겠다며 맛을 보더니 얼굴을 찡그리며 포기한다.

앞서가던 아들이 우뚝 멈춰 섰다. 앞을 주시하더니 갑자기 뛰기 시작했다. 아들이 멈춰선 곳에는 커다란 수박 하나가 추락 방지 턱 위에 보기 좋게 놓여 있지 않은가. 목장 지대 임야를 가로질러 만든 남조로엔 인가는커녕 수박밭이 있을 턱이 없다.

딸이 뭔가 생각난 듯 오빠를 바라보며 말한다. "수망리를 지났을 때, 그 트럭 아저씨 아닐까?"

"아, 맞아. 우리더러 어디까지 가니, 태워 줄까? 하시던 그분."

우리는 가던 길을 멈추고 고민에 싸였다. 수박을 만져 보니 햇빛을 받았지만 뜨겁지는 않은 것으로 보아 불과 한두 시간 전에 부러 올려놓은 것 같았다. 아이들 판단이 맞을 거라는 생각에 수박을 안고 숲속을 찾아 들어갔다.

작은 건천에서 수박을 돌에 내려쳤다. 잘 익은 수박을 바라보며 얼굴도 모르는 그분을 향해 감사를 드렸다. 얼마간 거리에서 인기척을 느끼고 깜짝 놀라 바라보니 60대로 보이는 남자가 촛불을 켜 놓고 기도하고 있었다.

사연을 말하고 수박을 나눠 건넸다. 촛불 옆에 놓더니 기도를 한 후 먹으며 덕담을 한다. "착한 사람들에게 어느 천사가 베풀었나 봅니다. 마지막까지 힘을 내서 성공의 기쁨을 누리시길 저도 빌겠습니다."

수박으로 갈증을 덜어낸 우리 가족은 힘을 얻었다. 서로 위로하며 뜨거운 아스팔트와 싸우고 태양에 항거했다.

산간 마을인 교래에 도착하자 아들은 식당으로 가더니 물을 얻어 왔다. 수돗물을 담고 있는 아이를 바라보던 주인이 시원한 정수기의 물을 담아 주더란다. 덕분에 또 다른 생명수가 되어 힘을 얻었다. 걷고 또 걸었다. 발도 아프고 무릎도 아프지만 모두 이를 악물고 참았다.

바닷물을 떠 간 조천 바닷가에 도착했다. 남원 바닷물을 부어 주고 나자 종단은 끝났다. 석양이 아름다웠지만 감탄할 기력마저 소진해 남아 있지 않았다.

갈증, 더위와의 싸움, 들개의 위협, 낯선 길의 두려움을 이겨 낸 아이들이 대견하다.

아이들이 힘든 역경에 시달릴 때도 있었다. 그럴 때마다 힘들었던 종단을 떠올리며 이겨 나갔다. 수박의 은혜도 잊지 않았다. 우리 가족은 가족봉사단에 가입하여 장애시설에 꾸준히 봉사를 다녔다. 아들은 무더운 외국 봉사활동도 마다하지 않았다. 딸은 종단에 대한 글짓기로 '동원그룹장학회'에서 주는 대학 장학금도 받았다.

뜻하지 않게 인내하고 노력하고 고마움을 알아야 한다는 교훈을 얻었다. 라디오 프로에 갈증을 덜어 준 수박 주인을 찾는 사연을 보냈지만, 연락이 없어 아쉬웠다.

그날의 추억을 회상하며 고마우신 그분의 건강과 행복을 빌어 본다.

(2016)

겨울 산딸기

혜진이가 또 질문한다. "효녀에게만 보인다는 겨울 산딸기가 정말 있어요? 거짓말이죠?"

"그럼 있지. 그런데 너희들 중에 부모님 말씀 잘 듣지 않는 불효자가 있으면 숨어 버릴 텐데 어쩌지?"

불효라는 말에 모두 자신이 없는지 시무룩하다.

"지금부터라도 효도해야겠다는 결심을 하면 아마 많지는 않아도 모습을 보여 줄지도 몰라." 아이들에게 훈육적인 의도로 효를 강요(?)하며 속웃음을 웃었다.

조천교 서예 교실, 서예 전시회로 한 해를 마무리했다. 방학을 맞은 아이들에게 동화 속 겨울 산딸기 이야기를 해 줬다. 그리고 진짜 눈 속에서 피어나는 산딸기가 있다고 말했다. 아이들이 거짓말이라면서 사실이면 증거를 보여 달라고 한다.

아이들에게 자연의 신비함을 알려 줄 겸 소풍 계획을 세웠다. 라면 스프를 사용하지 않고 가능한 친환경으로 숲 속에서 라면을 끓여 먹자고 했더니 환호성이다. 학부형 허락을 받기 위한 문서를 보냈더니 신청자가 12명이나 되었다. 미리 답사를 끝내고 알맞은 날짜를 정한 뒤 그날을 기다렸다.

차에서 내린 아이들 웃음소리가 숲을 가득 채운다. 산딸기가 있건 말건 함박눈이 내리는 숲길을 걷는 것만으로도 즐거운가 보다. 하얀 눈이 켜켜이 쌓여 가는 숲길을 걸어 들어갔다. 손잡고 가자는 아이들과 나란히 노래를 부르며 깊은 숲길에 도착했다. 길 가장자리에 무더기로 빨갛게 익은 앙증맞은 산딸기가 아이들에게 눈인사를 보내는 듯 살갑다.

가은이가 눈을 동그랗게 뜨고 바라보며 중얼거린다. “아빠가 선생님이 거짓말한 거라며 절대로 없다고 했는데…….”

가영이는 “여기가 우리 지구 맞아? 혹시 다른 별나라나 천국 온 거 아냐?” 하며 까만 눈을 반짝거린다.

수북하게 쌓인 눈을 밟으며 모두 조심스럽게 달려들었다. 너도나도 한 움큼 모아 입에다 털어 넣는다. 그리곤 저절로 눈이 감기는 새콤하고 달콤한 맛이라며 산딸기 맛에 빠져들었다.

"우리 아빠가요. '겨울철에 무슨 산딸기가 있어? 절대로 없다.' 하면서요. 산딸기를 한 알이라도 따온다면 손에 장을 지진대요. 정말 따온다면 양념통닭도 사 주겠다고 약속했어요. 앗싸, 오늘 통닭까지 먹게 되었네." 수정이는 먹기보다 부지런히 준비해 준 병에 산딸기를 따 넣는다.

1학년 다은이도 "집으로 돌아가면 부모님께 내가 효녀니까 귀한 겨울 산딸기가 있었던 거라고 말할 거예요." 하며 순진한 모습으로 산딸기를 모으기만 한다.

성격이 차분한 아이는 부모님께 보인다고 산딸기를 모으기 바쁘고, 덤벙거리는 아이와 남자 어린이는 먼저 입에 넣기가 바쁘다. 산딸기와 함께한 시간이 그렇게 흘러갔다. 정오가 가까워지자 배고플 아이들을 위한 요리를 시작했다.

주차장 옆에는 철 이르게 돋아난 달래가 조금씩 보였다. 보라색 갓나물은 지천으로 널려 있다. 라면 스프 대신 고추장으로 간을 하고 달래와 갓나물도 씻어 넣었다. 압력밥솥이므로 찬물에 라면을 바로 넣어 끓여야 한다.

아이들이 배가 고픈지 김이 나기 시작하자 허리를 굽혀 코를 벌름거린다. 냄새를 맡으려고 자리 다툼이 일어났다. 귀여운 것들!

별식이 만들어졌다. 젓가락질이 바쁘다. 서서 먹거나 주춤 앉아서 먹는 아이들을 바라보며 올레길을 걷는 사람들이 미소를 띠며 지난다. 순식간에 국물마저 모두 마셔 바닥이 났다. 갓 나물을 넣어서 조금은 씁쓸한 맛일 텐데도 시장이 반찬이었을 게다. 모자란 듯해 아쉽다.

돌아가야 할 시간이다. 큰 아이 무릎에 작은 아이가 겹겹이 들어앉았다. 출발할 때 앉았던 차례대로 스스로 정리한다. 7인승 내 차는 열두 명 아이들 기쁜 마음을 싣고서 천천히 숲을 빠져나왔다.

차 안은 금세 하얀 입김으로 커튼이 쳐졌다. 라면을 끓이고 라면을 먹은 아이들 웃음소리에 라면 냄새가 진동했지만, 누구 하나 싫어하는 기색은 찾아볼 수가 없다.

동화 속 겨울 나라를 경험하고 돌아가는 동심들이 어여쁘기만 하다.

(2014)

애기달맞이

좁다란 뒷길에 풀이 무성했다. 장마가 끝난 무렵이라 제초작업이 필요하다. 키 큰 망초와 지칭개, 마디마다 손을 뻗어 세력을 넓힌 바랭이, 강한 힘으로 지구를 움켜잡은 방동사니와 씨름했다. 키 큰 풀은 낫으로 베어 내고 뿌리로 번지는 풀은 호미로 뽑아내었다.

한쪽 구석에 조용히 숨죽여 있는 한 무더기 초라한 풀이 눈에 띄었다. 시든 꽃잎을 아래로 늘어뜨리고 고개 숙인 애기달맞이꽃이다. 꽃말이 '기다림과 말 없는 사랑'이다. 이루지 못하고 죽어 간 처녀가 꽃이 되어 밤에만 피어난다는 풀을 유심히 바라보다 집으로 들어왔다.

더운 열기에 땀 흘린 몸을 시원하게 샤워하고 나섰더니 어둠이 밀려오기 시작한다. 카메라를 챙겨 들고 골목길로 들어섰다. 애기달맞이꽃은 하나둘 꽃잎을 세우고 있었다. 보기에도 가녀린 꽃. 꽃말을 알고 있어서일까, 꽃의 전설을 알고 있어서일까, 가냘프다. 여리다. 가엽다. 하며 바라본다.

문득, 한 소녀가 애기달맞이꽃 속으로 떠오른다.

모교인 초등학교에서 방과 후 서예 지도를 한 지 벌써 10여 년이 넘어서고 있다. 밝고 명랑한 아이들과의 만남이 좋아 기다려지는 시간이다. 서예실을 환기하고 나서 문을 닫았다. 곧 들이닥칠 아이들을 위해 에어컨을 틀었다. 시원한 냉기가 서실 전체에 퍼져나간다. 얼굴이 동그란 예쁜 3학년 어린이가 헐떡거리며 들어왔다. 아무도 없는 것을 확인하는 눈치더니 급히 질문한다.

"선생님, 라면 끓일 때 김치 넣으면 정말 맛이 더 좋아요?"

남자에게 별 걸 다 물어본다고 생각하는데, 또 다른 아이가 문을 열고 들어왔다. 인사를 받으며 생각 없이 내뱉은 내 말.

"그런 건 네 엄마에게 물어봐야지."

순간 시무룩해진 얼굴로 교실을 나가 버린다. 옆에 있던 또래 아이가 더욱 숨죽이며 작은 소리로 말한다.

"선생님, 재가 어릴 때 엄마가 서울로 도망갔대요."

아차, 싶었지만 주워 담을 수 없는 말. 상처를 많이 받았을까, 하루 종일 걱정이 떠나지 않았다. 또래 아이의 숨죽인 말을 떠올리며 아이보다도 못한 나를 나무랐다. 그 후로 나는 소녀와 친해지려고 무진 애를 썼다. 시간이 흘러 라면 사건이 잊힐 때 즈음 우리는 둘도 없는 친구 사이가 되어 있었다. 교실에 단둘이 있게 된 어느 날.

"지난번 라면 이야기……. 미안했어. 선생님 미웠지?"

"아녜요. 다 잊었어요."

그리고는 묻지도 않은 말을 조곤조곤 쏟아 낸다.

"아빠가 말씀하시는데, 엄마가 나를 낳은 후 집을 나갔대요. 그러니 잊어버리라고 해요. 하지만 많이 보고 싶어요. 얼굴도 모르는데 가끔 꿈에 나타나요. 엄마 있는 친구들이 제일 부러워요."

소녀의 눈에는 금방 쏟아질 것처럼 눈물이 그렁그렁했다. 가만히 등을 도닥이며 맞추었던 눈길을 피해 주었다. 무릎으로 떨어지는 눈물을 보며 가슴을 쓸어내려야 했다. 이루어질 수 없을 것 같은 소녀의 바람이 더 슬프게 다가왔다.

그 아이와 닮았다는 생각으로 애기달맞이꽃을 바라본다. 그리고 부질 없는 시를 엮으며 그 아이를 떠올린다. 엄마를 그리워하는 소원이 이루어졌으면 좋겠다.

애기달맞이

오늘은 오실까?
좁다란 올레길에 부끄러이 숨어
함초롬히 피워 봅니다.

엄마는 누구일까?
가슴에 서리는 한 맺힌 그리움에
눈가에 어리는 눈물

엄마는 어디 있을까?
애옥살림 힘들어 나를 두고 가셨나요
엄마 얼굴 보고파 이 밤도 웁니다.

엄마 품은 포근할까?
화려한 밤하늘 달빛이
애정 어린 미소로 얼굴을 안아옵니다.

이런 것이 행복일까?
이름처럼 여린 애기달맞이
달님 품에 안겨 고운 꿈을 꿉니다.

달님이 벌써 가셨나요?

새벽 찬 공기에 눈이 뜨입니다.
가슴 시리게 꿈을 삭히던 슬픔은
엄마, 엄마 애타게 불러봅니다.

밝은 해가 떠오릅니다.
슬픈 눈물 보이기 부끄러워 고개를 숙입니다.
엄마,
내가 시들기 전에 꼭 와야 해요.

햇살이 내리 쬡니다.
뜨거움도
눈물도
꾹 참고
오늘도 우리 엄마를 기다립니다.

(2014)

떡

식탁 위에 떡이 놓여 있다. 쑥송편, 시루떡, 인절미, 기증떡, 팥떡 종류별로 갖추었다. 시장하기에 하나를 입에 넣었다. 맛있다. 이것저것 맛을 본다며 먹고 있었다.

현관으로 들어오는 아내가 함박 같은 미소를 머금고 있다. "아들 친구 B가 나 먹으라고 사 온 떡"이라며 '나'를 강조한다.

며칠 전이다. B가 술 한잔하자며 아들을 찾아왔다. 아내는 우리 아들 친구니 너도 내 아들이다. 한번 안아 보자며 안아 주었다고 한다. 술 많이 먹지 말고, 집에서 먹으면 준비해 줄 터이니 다음부터는 밖에서 먹지 말라며 보냈다.

아들이 나갔다가 돌아와 하는 말, 친구가 엄마에게 감동받았다는 말을 자주 하더라고 했다. 그 안아 준 값이 떡이 되어 돌아왔다.

아무것도 아닌 것 같지만 작은 관심 하나가 누군가에겐 감동이 되는가 보다. 아내는 미소를 담고 메시지를 보냈다.

'우리 아들 보내준 특별한 떡 맛있구나. 고맙다.'

비움의 채움

텅 빈 바닷가로 다가갔다. 저녁노을이 고운 날이다. 조사들이 없는 걸 보니, 고기도 없는 곳인가. 바닷바람 맞으러 왔으니 그러면 어쩌랴, 태평양을 향해 낚싯줄을 던졌다. 큰 고기가 입질할 시간인데, 작은 고기만 올라온다.

차가 들어오더니 젊은 남자가 꾸벅 인사하며 채비한다. 준비하는 모습과 새 낚싯대를 보니 왕초보다. 거들어 주고 나서 다시 낚시를 던졌다. 역시나 작은 전갱이만 올라온다. '이 작은 걸로 뭘 해 먹지?'

젊은이는 그조차도 못 잡는다. 한숨 소리에, 속상한 일이라도 있느냐 했더니, 부부싸움 하고 나왔단다. 아내의 잔소리에 심한 말을 던져 놓고 집을 나왔다 했다. 갈 곳도 없고, 제주도에 들어온 지 달포밖에 되지 않아 친구도 없다고. 눈에 띄는 낚시점에서 준비를 했는데 낚시가 처음이란다.

행복할 거라던 신혼의 기대감, 아름다운 사랑은 간데없고 짜증나고 힘들다 한다. 결혼 삼 개월에 접어들고 아내는 아기를 가졌다 한다.

임신으로 예민해지면 그런다며, 의지할 사람이 신랑밖에 없잖냐, 넌지시 위로의 말을 건넸다. 사랑으로 보듬어 주라 했다.

낚은 고기를 그의 가방에 털어 넣었다. 손질하는 방법을 알려 주고, 튀겨서 같이 먹으며 화해하라고 타일렀다. 아내가 튀김을 유난히 좋아한다며 활짝 웃는다.

몇 발자국에 한 번씩 뒤돌아서며 인사 받기를 몇 차례, 하얀 승용차의 라이트가 사라진 자리로 나도 털고 나왔다. 내 낚시 가방은 텅텅 비었지만, 그 비움이 채움이 되었을지도 모르겠다.

왠지 이 저녁이 흥겹다.

눈 온 날

조붓한 길에 눈이 내린다. 변두리 빈 터를 향해 걸었다. 산길엔 인적이 없고 자동차도 드물다. 처녀성 같은 눈길에 발자국 찍기 미안하여 멈칫했다. 그러다 지나가야 하는 숙명이 얄궂다 생각하며 한 걸음 뗀다.

조심스레 아프지 않게 밟아 보건만 내 발길에 눌리는 눈이 아프다고 소리 지른다. 뽀드득뽀드득 뼈가 으스러지는 소리에 다시 망설인다.

뒤쪽에서 차그락차그락 소리가 들려왔다. 체인 감은 차가 지나간다. 뭉개어진 눈이 처참하다. 붉은 황토가 하얀 눈에 혈흔처럼 배어 나왔다. 두 줄로 길게 그어놓은 생채기를 바라보니 내 가슴인 양 아려온다.

망가져 버린 눈길을 아쉬워하며 바퀴 자국 따라 한길로 들어섰다. 저 멀리서 제설 차량이 힘차게 눈을 걷어 내고 있다. 길 가장자리로 쌓이는 눈에는 까만 먼지가 달라붙었다. 눈옷 벗어던진 벌거벗은 아스팔트가 천박하게 보임은 왜까.

다시 시작된 하늘 길을 비행기가 날아간다. 뱃길도 열렸겠지. 한파에 대기실에서 발을 동동거리던 사람들이 떠오른다. 뼛속으로 파고드는 한기를 느끼며 집으로 발길을 돌렸다.

마당에는 위리안치 당한 눈과 그 눈을 뭉쳐 만든 32년 만의 눈사람이 오도카니 서 있다. 춥다며 처마 밑으로 들어가려던 눈도 더는 받아 주지 않자 문 앞에서 죽은 듯이 쌓였다. 제주도의 시간을 멈춰 버렸던 3일. 눈의 사체를 발로 툭툭 차 본다.

(2016)

메아리

눈 쌓인 겨울 오름은 아름답다. 가까이 다가갈수록 솜이불 덮고 잠을 자던 산이 긴 잠에서 깨어나 나를 맞는 느낌이다. 움츠렸던 나 또한 기지개를 켠다.

헉헉거리며 산을 올랐다. 입김으로 빠져나간 수분을 보충하기 위하여 손을 돌려 배낭 옆구리에 있는 물병을 꺼냈다. 한 모금이지만 벌컥 하는 소리가 나게 들이켰다. 산 기온으로 차갑게 만들어 준 물 한 모금이 몸속으로 스며든다.

바람이 구름을 모으다 달려와 얼굴을 훔치고 지나갔다. 함박눈이 왔다가 가버린 산길에서 작은 새들이 추위를 이겨내며 먹이를 찾는 옆에 노루도 눈 속을 헤집고 있다. 거리가 너무 가까워 걸음을 멈췄다. 순박해 보이는 눈망울에 겁을 먹었음인지 뒤돌아서지 못한다. 카메라를 메고 있었지만 노루가 놀랄까 봐 그도 망설였다.

반대편에서 "야~호." 하는 소리가 들렸다. 재미 삼아설까? 자기 목소리 들으려고? 아니면 길을 잃었나? 이맛살을 찌푸리는 찰나에 여러 가지 의문문을 던지는데, 노루는 깜짝 놀라며 허공으로 한 번 솟구치더니 눈앞에서 사라져 버렸다. 작은 새들도 침입자의 목소리에 사라졌다.

산의 주인은 산에 사는 생물의 것, 사람은 손님. 예의를 지켜주었으면 좋았을 것을…….

노루 발자국, 새 발자국을 지우며 산을 올라야 하는 마음이 많이 미안한 날이다.

(2012)

방앗간

시끄러운 기계 소리가 들리는 방앗간, 80대로 보이는 어르신이 하얀 가루를 뒤집어쓰고 미소를 머금고 있다. 곳곳에 분가루 같은 먼지로 뽀얗다. 어울린다. 그래야 방앗간 같다. 옛날 어머니를 따라갔던 쿵덕거리는 디젤 엔진 대신 전기모터가 대신하고 있지만, 추억을 더듬을 만하다.

보리, 밀, 콩, 메밀을 소꿉장난하듯이 텃밭을 가꾸었다. 수확하면 대부분 한 자루도 차지 않는다. 방앗간에 가져가면 몇 천 원에 쌀이 되거나 가루가 되어 나왔다. 보리를 정미하고 난 부산물은 닭 먹이로 사용하고 곡물은 아껴 가며 멥쌀에 섞어 먹었다.

우리 마을에 있던 정미소는 없어진 지 오래다. 밭이 과수원으로 바뀌고, 보리쌀을 주식으로 삼았던 시절이 지나 쌀이 대신하자 보리 농사가 급격히 줄었다. 일거리가 없어진 시골 방앗간은 문을 닫기 시작했다. 몇 년 전까지만 해도 시골을 지나다 보면 가끔 보이더니 이제는 자취를 감췄다.

내가 가는 정미소는 제주시 한복판, 그것도 땅값이나 나감 직한 사거리에 있다. 유일하게 남은 정미소인 듯한데, 갈 때마다 쉬지 않고 기계는 돌아가고 있었다. 시골 방앗간이 문을 닫자 제주도 곳곳에서 소량의 곡물을 들고 찾아온단다. 일은 더 많아져 기계를 멈출 수가 없다는 것이다.

2년 전부터는 두 아들이 방앗간을 물려받았다. 지나다가 텃밭에서 딴 수박 한 덩이를 내밀었다. 하얀 가루로 눈썹까지 덮인 얼굴이 미소를 머금고 받아든다. 그 미소가 백만 불짜리다. 일하는 사람답고 삶의 진정성이 보여서 좋다.

나는 그 방앗간에서 한눈에 볼 수 있었다. 전통과 사람 사는 냄새와 틈새시장의 성공까지를.

(2015)

페트병 할아버지

일요일 오후 아이들과 물놀이를 하고 있었다. 거래처에서 물건이 필요하다며 배달해 달라고 사정한다. 싫은 길을 떠났다. 무더운 여름이라 한산한 도로였지만 아스팔트 열기가 불쾌하게 차 안으로 들어왔다.

일출봉이 보이는 길로 들어섰다. 걸인 행색으로 걸어가는 노인이 보인다. 다 해진 겨울옷에 넥타이는 머리에 둘러매었다. 그의 몸에는 빈 페트병 십여 개가 달랑거린다. 줄에 묶여 목에 걸린 두 개, 허리띠로 묶은 줄에 대여섯 개, 어깨에도 메고 손에도 들려 있다. '페트병도 고물로 받나?' 생각하며 지나쳤다.

거래처에서 한 시간쯤 보냈다. 더운 날씨에 무거운 물건을 운반하느라 땀으로 젖은 옷이 불쾌지수를 더한다. 비릿한 바닷바람을 맞으며 돌아오던 길, 이번에도 길은 반대지만 앞서 걸어가는 노인의 뒷모습을 바라본다. 빈 페트병마다 물이 가득하다. 무거울 성싶은데 그는 가벼운 몸놀림으로 노래를 부르고 있었다. 차를 멈추고 바라보았다. 근심이라고는 하나 없는 얼굴, 내가 보고 있음을 아는데 의식도 안하다. 어깨를 으쓱거리고 두 걸음 나아가고 한 걸음 뒤로 물리며 알 수 없는 노랠 부르고 있다. 무엇이 그리 흥겨울까, 며칠 먹을 물을 얻은 만족감에서일까, 아니면 막걸리라도 한 사발 동냥했을까, 십여 분을 그렇게 공연 아닌 공연을 하더니 밭담을 넘어 산소가 있는 곳으로 걸어간다. 산소 옆 구석에는 작은 움막 같은 것이 보였다.

석양이 붉게 물들고 있었다. 부산하게 움직이더니 연기가 피어오른다. 저녁 준비를 하나 보다. 끼니를 해결할 낱알과 물을 얻었다면 걸인에게 그보다 더한 행복이 있을까.

배부른 생각으로 가득 찼던 조금 전 생각을 떨쳤다. 걸인에게서 교훈을 얻는다. 자동차를 운전하며 콧노래가 절로 나온다. 걸인이 부르던 노래가 궁금해진다. 알면 따라 불러 볼 텐데…….

(2005)

일기장

42년 동안 어둠 속에 숨어 있던 일기장을 폈다. 자살로 생을 마감한 손위 처남의 일기다. 가슴이 미어지고 눈물이 앞을 가리지만, 뜻한 바가 있어 한 낱말도 놓치지 않고 3권을 모두 읽었다. 그 내용을 간추려 적는다.

우리 가족은 부모님과 여덟 형제자매 열 식구다. 저주하고 싶은 가난과 함께 살았다. 누님들과 형님이 못 한 고등학교를 나는 운 좋게 나왔다. 그에 그치지 못하고 욕심으로 대학에 진학하고 싶었지만, 가난이 가로막았다.

방법을 찾았다. 사관학교에 합격하면 대학 졸업과 병역의 의무는 물론 직업까지 해결된다. 갈 길은 정해졌다. 시험 보러 갈 여비를 마련할 계획을 세우며 응시 준비를 했다. 시험을 보러 가려면 비행기 표를 구해야 한다. 여인숙 비용과 식비를 더하면 10만 원 정도가 있어야 할 것 같다.

징병검사를 받았다. 학력란에 대학중퇴라고 썼다. 고졸까지는 보충역에 배치된다고 하는데 보충역으로 병역을 마치는 것은 죽기보다 싫다. 어차피 내년 입영 전까지 사관학교에 입학할 것이고 불합격한다 해도 육군 기술 정보 · 행정 사관후보생이 되는 정보와 시험 난이도까지 다 파악했기에 자신 있다. 학력란을 고칠까 하다가 그냥 두었다.

문제는 몸이 이상하다. 위가 정상이 아닌 것 같다. 장도 예전과는 달리 이상 증세를 보인다. 조금만 먹어도 하루에 화장실을 수십 번 들락거렸다. 부모님이 걱정하실까 봐 말도 못하고 시간만 흘러갔다. 건강이 좋지 않으니 집중이 되지 않는다. 사관학교 1차 시험에 합격해도 신체검사가 고민된다.

세월이 참 빠르다. 군대를 가야 할 나이인 스물두 살 새해가 밝았다. 마음이 조급해진다. 건강은 어머니의 정성으로 많이 나아졌다. 병무청에 사관학교 지원서를 받으러 산을 넘어갔는데, 원서가 다 떨어졌다고 한다. 두 번째 헛걸음으로 차비만 날렸다. 그렇게 경쟁이 심한가?

여비를 마련하기 위하여 일거리를 찾아야 했다. 마침 1,500평의 콩밭을 농경지로 개간해 달라는 부탁을 받았다. 내가 예상한 여비에 딱 맞는 10만 원을 주겠다고 한다. 이거다 싶어 수락하고 일을 시작했다. 그런데 너무 힘들다. 곡괭이가 튕겨 오를 정도로 땅이 돌덩이 같다. 형님에게 빌린 삽도 부러져 버렸다. 낮에는 중노동에 시달리고 밤이면 시험 공부에 안간힘을 썼다.

병무청에서 우편물이 왔다. 7월 7일 현역병 입영 수첩과 함께 대학 생활에서 군사교육 이수 관련으로 문의할 것이 있으니 학과를 알려 달라는 것이다. 덜컥 겁이 난다. 허위로 적은 학력란 때문에 거짓이 탄로 날까 봐 연락을 하지 않았다. 혹시 이런 것도 '병역기피' 같은 큰 잘못이 되는 건 아닌지. '유치장에 가야 하는 건가?' 마음이 불안하여 일도 공부도 손에 잡히질 않는다.

사관학교에 합격하면 모든 것이 해결될 거라며 애써 마음을 진정시켰다. 입영 전인 5월에 시험이 있으니 합격만 하면 된다. 다만 불합격이 되었을 때 자신 있는 육군 기술 행정 · 사관후보생 합격자 발표가 입영 일자보다 8일이 늦은 7월 15일이라서 걱정이다.

어머니의 넘치는 정성을 받아 가며 비행기에 올랐다. 나의 성공을 빌며 배웅하던 가족과 동네 사람들 얼굴이 떠오른다. 합격으로 보답하겠다는 각오를 다진다.

시험 날이다. 육군 제3사관학교 시험에는 천명 모집에 2천여 명이 응시한 듯했다. 국어와 영어는 비교적 쉬웠다. 수학은 고등학교에서 배우지 않은 수학 II 가 나오는 바람에 어려웠다. 과락을 피할 수 있을는지 불안하다. 일주일 후에 있을 해군 제2사관학교에 기대를 걸어야 할 것 같다. 참고서적을 사서 준비했다.

해군 제2사관학교 시험일이다. 60:1이었다. 시험 난이도는 쉬운 것 같았지만, 경쟁률이 높아서 합격은 어려울 것 같다. 경쟁에서 이길 자신이 없다. 육군 기술 · 행정 사관후보생 시험이 마지막 남은 희망이 되어 버렸다. 처참하다. 결국, 준위라는 계급을 달아야 하고 학사의 꿈은 날아가 버린 것 같다.

며칠 후 매형이 합격자 명단을 확인하러 갔었나 보다. 내 수험번호가 합격자 명단에 없다는 말을 들으며 절망했다.

육군 기술 · 행정 사관후보생 시험은 예상대로 쉬웠다. 천천히 문제를 풀었는데도 시간이 여유롭다. 꼼꼼하게 답지에 옮기고 제출했다. 동네 사람들이 떠나올 때 무슨 큰 과거를 보러 가는 사람처럼 야단법석이었는데 창피하다. 겨우 나는 이 정도밖에 안된 놈인가, 허탈하다. 44주 동안 힘든 훈련을 받아야 한다는 부담도 크다. 더 열심히 공부하지 않은 나의 나태함이 밉다.

여인숙에서 정답을 맞춰 보다 커다란 망치로 한 대 맞은 듯 한 충격을 받았다. 이럴 수가……. 두 과목의 답지를 바꿔 적었다. 이젠 어찌해야 하나. 온몸에 소름이 돋는다.

영장대로 입영하면 거짓으로 작성한 학력 때문에 나는 맞아 죽을 것이다. 최소한 병신이 되도록 두들겨 맞고 고향으로 돌려보내지겠지. 아니면 영창에 갇히고 전과자로 살아갈 것이다. 그러면 내 인생은 끝장이다. 그런 불명예를 안고 살아야 하는가.

가족도, 마을 사람들 보기가 창피할 것이다. 당장 부모님과 형님, 동생들, 동네 사람들을 어떻게 대한단 말인가. 죽어야 한다. 죽는 길밖에 없다.

고향으로 돌아가야 하는데 자꾸만 귀향을 미루게 된다. 큰누나 집과 작은누나 집을 오가며 여러 날을 방황했다. 추한 나의 모습을 바라보며 많은 사람이 비웃는 것만 같았다. 나는 우물 안 개구리였다. 나는 패배자다.

모두 내 탓이지만 대학 진학을 못한 가난이 밉다. 어렸을 때 꿈이었던 가수나 영화배우가 되는 과정은 시도도 한 번 해 볼 수 없었던 가난이 정말 싫다. 효도 한번 못해 보고 동생 노릇, 형, 오빠 노릇 못해 본 무능이 부끄럽다. 짐만 되어 살아온 지난날이다. 남들처럼 부모님 모시고 욕심 없이 살려고 할 것을……. 이제 와서 후회된다.

약을 마셨다. 점점 정신이 흐려진다. 난 죽고 싶지 않다. 그러나 죽어야만 한다. 부모형제를 더 이상 괴롭히지 말고, 불충을 용서 빌고 내 스스로에게도 굴욕을 당하지 않는 옳은 길이다.

어머니, 아버지 그리고 형님. 이렇게 가는 못난 저를 용서하십시오. 지난 20여 년 동안 가족에게 너무도 많은 죄를 범했습니다. 더 이상 괴로움을 드리지 않으려고 떠나려 합니다. 동생들도 나 하나 때문에 많이 고생했다. 바르게 살아가길 바라고 부디 내가 이루지 못한 대학의 꿈을 너희들이라도 이루어 주길 부탁한다.

장모님의 장례를 치르고 나서 둘째 처남 산소에 인사할 때였다. 막내 동서가 일찍 돌아간 이유를 묻자, 둘째 동서가 "군대 가기 싫어서 자살했다."라고 퉁명스럽게 대답한다. 아내에게 들은 이야기하고는 전혀 달랐지만 더 묻지 않았다.

아내의 요청으로 작은처남이 보관했던 일기장이 도착했다. 바른 단어 사용과 깔끔한 문장 처리, 명필이라 해도 과언이 아닌, 잘 정돈된 글씨가 모범생이었음을 알려 준다. 일기장이란 이유로 가족도 펴 보지 않았던 비밀이 고운 글씨로 담겨 있었다. 마지막 장 다음에 혼미한 정신으로 써내려 간 세 장의 유언장도 있었다.

병역기피로 세상을 하직했을 거라고 생각하는 사람이 많은가 보다. 일기 내용을 보면 명예스러운 군복무를 꿈꾸었던 처남이 하늘에서 억울해 할 것 같다는 생각을 지울 수가 없다. 마음이 너무 여렸다. 죽을 각오로 부딪쳐 봐야 했는데…….

42년이 흘렀지만 형제와 친인척, 이웃에게 불명예를 복원시켜야 한다. 유품과 함께 태우지 않고 장모님이 소중하게 간직했던 일기장, 읽지도 않을 것을 작은처남이 없애지 않고 보관케 했던 것은 오로지

영혼의 힘이 작용했을 것이라 생각한다. 이 사실을 잘 정리하여 명예를 회복시켜 달라는 둘째 처남의 바람이 있을 것이라고 나는 굳게 믿는다. 그 사람이 내가 되었다는 책임감으로 일기를 요약하여 옮겼다.

아내는 일기를 읽고 나서 유언대로 58세에 대학생이 되었다. 졸업하면 가장 먼저 오빠의 묘지를 찾을 것이다.

| 작품 해설 |

녹슨 보습을 닦으며 일궈 낸 수필밭의 충만함

— 수필집 『겨울 산딸기』에 나타난 양재봉의 작품 세계

東甫 김길웅 (수필가 · 문학평론가)

1.

양재봉의 수필은 한마디로 삶의 실물화다. 소싯적부터 그는 매우 불우했다. 줄곧 결핍과 고독, 불만과 방황으로 상처를 받으며 고난 속 우심한 갈등과 절망을 겪었다. 그러면서도 그것들에게 화해의 손을 내밂으로써 도달한 궁극의 세계에 그의 문학이 자리한다.

그의 문학은 곧 그만이 일궈 낸 상위의 질서, 높은 층위의 세계라 해도 전혀 지나치지 않다. 그는 직립 의지가 강하다. 지쳐도 주저앉지 않고 몸을 일으켜 세우며 신념으로 늘 강고했다. 역동적인 그의 삶을 시종 지탱한 것은 놀랍게도 그의 내부에서 발산하는 활화산 같은 에너지였다. 대저 그의 수필은 그 범주에서, 그런 양식樣式에 의해 실현해 놓은 정신 노작의 실체화라 단언해도 된다.

철 덜 든 한때 자신을 증오한 적은 있었을으나, 그는 그런 무모한 자기모순과 어둠 안에 오래 갇혀 있지 않았다. 부질없는 감정소모임을 이내 깨닫는다. 모르는 새 애늙은이가 돼 있었던 것이다.

자신과 사투했고, 그런 삶의 전선에서 한 발짝도 물러선 적이 없었다. 이는 자신을 에워싼 환경을 배척하거나 회피하려 한 적이 없었음을 에두른 말이다. 원칙과 기준에 불변으로 집요했다. 비록 가탈인 조건, 신산한 환경도 무릅쓰며 불러들였다.

입에 써도 삼키고 거칠어도 안았고, 저항하고 거부해도 품었다. 단지 교감하거나 합리화한 것이 아닌, 수용이고 타협이었다. 사랑으로 끌어안고 관용으로 받아들인 그의 삶은 체험으로 하는 수필의 토양을 비옥하게 했다. 문학의 터수가 넉넉하고 훈훈한 게 우연이 아니다.

작품평 청탁을 받고 말없이 웃기만 했다. 심심상인, 첫 수필집을 내리라는 낌새를 알아채 이미 거두기로 해 놓은 연후여서다. 양재봉과 초대면한 것이 연전의 일. 그 후, 글방 '들메'에서 유의한 만남을 이어 온다. 이틀이 멀다고 첨부해 오는 그의 작품을 읽는다. 어느새 백수십 편에 이르게 수필에 몰입해 있다. 이를테면 삼매경이다.

그가 살아온 이력을 되작인다. 가난으로 열두 살 어린 나이에 '꼬마 목수'가 됐다. 사환으로 중학교를 졸업한 뒤, 토건회사에서 막노동, 우체국 전보원을 거쳐 낯선 타지에서 점원 경험도 했다. 약관에 귀향해 양돈업, 귤 농사, 공예품 제조업 등 현실 속으로 몸을 던진다.

좌우를 재고 뛰어든 그라 별다른 실패는 없었던 것 같다.

뒤늦게 대학을 나오고 서예에 입문해 한글, 한문, 전각, 서각과 문인화를 섭렵한다. 놀라운 천착이다. 그에 그치지 않았다. 불혹을 넘기면서 환경교육지도자 과정을 수료해 환경부가 위촉한 환경교육 강사가 된다. 그는 지금 도 교육청이 진행하는 '찾아가는 환경교실' 강사로 뛰고 있다. 거기에 얹어 제주시와 조천읍이 위탁한 서예 강사로 바쁘게 산다. 『수필과비평』에서 신인상을 받으면서 수필가로 데뷔한 것이 2013년의 일이다. 이제 회갑, 이 나이에 양재봉이 겪어 온 인생 행로는 그야말로 구절양장으로, 굽이치는 골짝을 지나 첩첩 준령고봉을 넘어 내렸다. 그의 최근작 「겨울 한라산 등반기」에서 양재봉은 눈 덮인 설산을 맨발로 걸었다고 쓰고 있었다. 여상한 사람이 아닌 철인이라며 혼잣말로 혀를 찼다.

양재봉은 원칙주의자다. 매사를 궁극에 올려놓는다는 게 그의 생활철학이다. 빈틈 없이 주도면밀하다. 그에 더해 사람과의 관계에 성실하다. 살면서 가족뿐만 아니라 사람 사이에 마음의 소리를 전하고 들어줄 수 있는 관계로 있음은 실로 인간다운 아름다움일 것이다. 그런 성향은 수필에도 간극이 없다. 그의 수필은 소재를 찾고 구상에서 표현 전개에 이르기까지 완성 지향이다. 다양한 소재와 개성적인 문장 그리고 사물에 접근하는 긍정적 사고는 양재봉 수필이 갖는 특징으로 자리매김해 있다.

이제 첫 수필집 『겨울 산딸기』에 수록된 몇몇 작품을 통해 그의 수필 세계를 훔치려 한다. 제한적이기는 하나, 대신 깊이와 넓이와 속내를 놓치지 않을 것이다. 그래서 작품평 글제가 「녹슨 보습을 닦으며 일궈 낸 수필밭의 충만함」이다,

2.

양재봉은 순리에 살려는 선한 심성을 가지고 있고 이웃의 어려움을 내 일처럼 도와주려는 봉사정신 또한 남다르다. 봉사는 남이 강제해서 하는 게 아니다. 처음부터 자원에 의한 자발적 선택에서 나온다.

> 시원한 나무그늘로 가서 소 어깨에 걸친 멍에를 내리고 쟁기에서 소를 물리더니 풀을 먹이신다. 양동이에 부어 물도 먹이는 걸 잊지 않으신다. 땀으로 흥건해진 소는 코에서 더운 입김을 뿜어내며 떨리는 울음소리를 냈다. '겨우 시작했을 뿐인데 벌써 쉬면 언제 밭을 다 갈지?' 생각을 하면서도 뭔가 잘못되었음을 직감했다.
>
> 잠시 쉬라며 막걸리 한 사발을 들이켜시더니 묵직하고 조용한 어조로 말씀하셨다.
>
> "운동회 때 죽을힘을 다해 달리기를 해보았지? 계속 그렇게 달린다면 어떻게 될까? 내가 힘이 넘친다고 어린아이에게 나처럼 달리라고 강요하면 어린아이는 어떻게 될까? 젊은 소도 그렇게 다그치면 죽고 말 거야. 하물며 이 소는 늙은 소인데 아마 한두 시간도 못 버틸 것이야."
>
> 얼굴이 확 달아올랐다. 늙은 소를 바라보며 미안하다고 마음속으로

용서를 빌었다.

— 「늙은 소와 할아버지」에서

관념이나 타성에 기대는 사람은 봉사에 미흡하다. 봉사는 관념이 아니다. 그것은 실천으로, 간절함에서 발원하는 맑은 샘 같은 정신의 지시에 순응하는 일이다.

이웃에 사는 노인이 몸져누워 파종기를 놓칠세라 밭을 갈아 드린다고 나서서 서툴게 밭갈이하는데, 지켜보던 노인에게 일장 훈시를 듣는다. 매사에는 시종과 완급이 있고 요령이 있는 법. 뒤늦게 깨달은 화자가 점심을 먹으며 소에게 사과한다는 뜻으로 제 몫의 밥을 덜어내어 소에게 먹인다. "힘든 일로 커다란 눈에서 흘러내린 눈물 자국이 애처로워 보였다." 한 대목에 주목한다. 이는 짐승과의 교감을 내보인 것으로 이 글의 백미다. 깨어 있는 화자의 정신이 깨끗하고 참 명징하다. 양재봉은 그래서 이웃으로부터 신뢰 받고 존경 받는다. 과문인 내게도 간간이 들리니 하는 말이다. 마을 사람들이 한입으로 양재봉은 '틀림없는 사람'이라 하고 있었다.

그는 수필 구성의 묘리妙理를 체득한 작가다. 부부싸움의 발단과 전개, 결말을 말하기 전에 TV에서 생중계하는 격투기의 격렬한 장면을 적나라하게 보여줌으로써 도입하고 있다. 독자를 확 낚아채 작품 속으로 유인하는 데 성공한다.

도전자는 제 아픔이 더 큰 줄 안다. 사내가 쪼잔하게 굴지 말고 챔피언 벨트를 그냥 달라며 많은 주먹을 날린다. 그러나 그런 은근한 기대와는 달리 프로의 세계에서 양보란 없다. 싸움은 격투기 3회전 15분을 이미 넘기고 심리전으로 이어진다.

말이 안 통한다며 챔피언인 나는 웃옷을 들고 링 밖으로 나가 버렸다. 심판도 주심도 없는 경기는 기권도 없고 승리자도 없는 장기전에 돌입한다. 그 무서운 냉전이 시작되었다.

두 사람의 마음속엔 자신에게 유리한 법정이 만들어진다. 아픔을 풍선처럼 부풀리며 우뇌가 억울함을 호소하면 좌뇌가 변호사가 되어 옳다고 한다. 누구도 물러설 기미가 없다. 마지막 럭키펀치를 엿보며 지루한 시간이 흘러간다.

격투기 규정에는 없지만, 기본적인 제 할 일은 해나간다. 상대가 없는 싸움이 싫은 것인지 적과 동침이 필요한 것인지 모르겠다.

"식사하시라 해라."

"안 먹는다고 해라."

아이들에게 부부가 싸우는 법을 현장학습까지 곁들여 준다.

— 「아내는 격투기 챔피언」에서

TV 장면을 부부싸움으로 오버랩 시킨 기법이 일품이다. 서로 간간 주먹을 주고받고, 그러면서도 설령 아내가 착한 여자라 도전하지 않을 거라 여겨 자신은 큰 주먹을 휘두른다. 결국 '부부싸움은 칼로 물 베기'란 깃발 아래 격투기가 종을 친다. 다시는 상대가 도전해 오더라도 '참을 인忍 자'를 허공에 그려 넣겠다고 단단히 작심한다. 격투기 아닌, 행복을 지키는 도전자로 변신한 것이다. 도인道人이 따로 없다.

"에고, 힘든 삶이여, 어화둥둥 재미있는 인생이여." 결말이 눈 맛을 돋운다. 그가 금실지락琴瑟之樂을 누리면서 부부간의 소소한 다툼을 무심코 붕 띄워 본 것은 아닐는지. 수필이 사물의 이치를 꿰뚫어보는 문학적 접근 장치라면, 자신을 한 번 되돌아보는 성찰의 작은 창窓이기도 하다. 한 생을 살면서 인생에 대해 '이런 거다.' 깨달은 바를 풀어놓는 게 수필이다. 바로 그 경계에 양재봉 수필이 있다.

아동범죄의 피해아동 얘기를 소재로 한 수필이 있어 긴장했다. YWCA 방과 후 아카데미 서예 지도를 하며 만난 사연으로, 화자가 아이에게 조심스레 다가가는 모습이 하도 신중해 숨죽여 마음 졸이게 한다.

> 불편한 시선과 부자연스러운 시간이 흘러갔다. 붓을 잡은 손이 어쩌다 내 손과 스칠 때면 흠칫 놀라고, 검사를 받고자 화선지를 내밀 때 가늘게 떨리던 손. 수업 시간은 모든 신경이 그 아이에게 쏠렸다. 내가 할 수 있는 일은 없었다. 그냥 모르는 척 자연스럽게 대하는 것밖에….
>
> 자주 담임선생님에게 나에 대한 Y의 기분을 물어보게 했다. 유일한 남자 선생님인 나 때문에 그 아이가 불안해하면 안 되기 때문이다. 그 아이가 싫다면 강의를 그만둘 각오까지 했다. 다행히 괜찮다는 대답을

들으며 계속 아이들과 함께했다. 그렇게 두 달이 지났다. (중략)

가방에 편지 하나가 꽂혀 있다. 어느 귀여운 녀석이 내게도 썼구나 하며 마음이 들떠 펼쳐 보았다. 뜻밖이다. Y의 편지였다.

"… 마음대로 안 돼서 저도 속상해요. 저 때문에 많이 걱정해 주시는 것도 다 알아요. 친구들은 선생님께 다가가서 안기고 간지럽히며 장난하는데, 저도 그러고 싶어요. 앞으로는 저도 친구들처럼 그렇게 할 거예요. 이번 토요일은 바다에 조개 잡으러 가죠? 재미있을 것 같아요. 토요일이 기다려집니다. 선생님, 예쁜 글씨 가르쳐 주셔서 고맙습니다."

— 「영혼 살인마」에서

그 아이는 보이지 않는 곳으로 떠났지만, 아동성범죄 사건이 보도될 때마다 얼굴이 떠오른다고 했다. 가까워져 손을 잡는 사이가 됐지만 다른 애들같이 안기며 장난을 걸어온 적이 없었다 한다. 늘 뒷전에서 멈칫거리다 되돌아서는 모습이었다는 것이다.

성폭력 천국이라는 오명을 듣는 판에 중한 처벌이 이뤄지지 않음에 화가 난다고 했다. 화자는 단호하게 말한다. 아동성범죄는 어린 영혼을 죽이는 살인행위라고, 그런 범죄를 저지르는 자야말로 '영혼의 살인마'라고.

의롭지 않은 것에 대한 분노는 수필가가 사회의 부조리를 통감하는 책무의 발현이다. 수필의 참여정신 혹은 문학의 대사회적 기능인데, 양재봉에게는 이런 부류의 작품이 적지 않다. 그가 『제주新보』

칼럼 '사노라면'의 필진인 것과도 무관하지 않다. 그런 수필은 언어의 호흡이 가팔라 곧바로 독자를 긴장 속으로 이끈다. 수필이 너무 무미건조해 가독성이 떨어지는 작금의 우리 문단에 주목할 대목이다.

구렁이가 닭 우리에 내습한 사건을 다룬 작품이 있다. 그의 삼층집 주변이 경작지로 에워싸여 일어날 수 있는 일이나, 상습적인 출몰이라 급박하게 돌아간다. 처치 과정을 보며 숨을 죽인다. 양재봉이 구사하는 서사적 문체의 힘이 느껴진다.

> 며칠 후 닭들이 조금씩 경계하는 소리가 나는가 싶더니 소란스러운 소리를 지르기 시작한다. 닭장으로 달려갔다. 그놈이 나타나 벌써 달걀 하나를 입에 물고 있었다. 급히 장화를 꺼내 신고 만들어 둔 작대기를 오른손에, 올가미는 왼손에 들고 뱀과의 결투를 시작했다. 땅꾼처럼 Y자 작대기로 머리를 누르려고 보니 달걀을 삼키는 중이라 머리가 커서 누를 수가 없다. 지난번처럼 달걀을 삼키기를 기다리기로 했다.
>
> 달걀이 머리를 지나가자 작대기를 대고 제압하려 했으나 삼켰던 달걀을 깨어 토해 버리고는 자꾸 빠져나간다. (중략) 작대기를 뱀 목 부분에 대고 눌렀다. 뱀도 지쳤는지 저항이 크지 않았다. 올가미를 살며시 머리에 넣어 잡아당겼다. 천천히 닭장 밖으로 나와 오백여 미터 떨어진 곳으로 끌고 갔다. 가는 동안 뒤에서 끌려 오는 구렁이가 요동을 칠 때면 공격할 것 같은 생각에 두려웠다.
>
> — 「여의주를 문 구렁이」에서

섬뜩하다. 그래도 환경론자답다. 남의 집에 틈입한, 더욱이 경계색을 띤 징그러운 구렁이가 뜨악하기 짝이 없으나 사형집행은 할 짓이 아니라 토설한다.

하지만 닭 우리 주변에 가면 그때가 되살아나 꺼림칙하다. 트라우마다. 이와 결부해 결말이 썩 인상적이다. "닭들아, 시앗 싸움이나 짝짓기할 때만은 제발 소리 지르지 마라. 마음 약한 주인님 구렁이가 떠올라 자꾸 가슴 콩닥거린다." 상대가 닭인데, 흡사 아랫사람에게 나지막이 회유라도 하듯 한마디 건네고 있다. 작중 화자에게 닭은 단순히 집에서 기르는 가금을 넘어 한 식솔로 존재한다. 글의 밑바닥으로 생명을 존엄시하는 사랑의 마음이 자분거리며 흐른다.

소재가 다양한 양재봉의 수필에 인연의 이야기가 있어 바싹 눈길을 끈다. 그것도 여느 연緣이 아닌, 사업을 하며 맺게 된 인연이라 더욱 그러했다.

> 그는 영업부장으로서 1년 만에 회사를 도내 1위 자리에 올려놓았다. 매출 대비 상여금과 특별 상여금까지 다달이 지급했다. 그럴수록 장 부장은 더 열심히 뛰었다. (중략) IMF가 들이닥쳤다. 건설업도 멈추고, 제조업도 멈췄다. 제주도 관광은 암흑 속에서 허덕이기 시작했다.
>
> 부족한 시설과 규모를 늘리려고 시작한 신축공사. 섣불리 시작한 내게도 수심이 잔뜩 밀려왔다. 뛰는 건축 자재 값, 게다가 매출은 반 이하로 뚝 떨어졌다. 월급날이 되면 돈을 구하러 다녀야 하고, 공사 대금을 지불하지 못해 가족과 직원들이 할 수 있는 일은 손수 해야 했다.

홀연히 장 부장이 심각한 얼굴로 들어왔다.

"사장님, 갈 곳 없던 저를 최고의 대우로 고용해 주셔서 감사합니다. 그 은혜를 갚는 길은 사표를 내는 것이라고 판단을 내렸습니다. 다시 경기가 좋아지면 돌아오겠습니다. 받아주십시오."

그가 떠난 허전함에 밤새 술을 마셨다. 마시고 게워내고 또 마시고 게워내고….

— 「지키지 못한 인연」에서

악덕이 판치는 경쟁적 관계 속에서 사업을 하며 좋은 인연을 맺었던 사람과의 이별은 가슴 아리다. 금융대란의 와중이었다. 실한 사람 하나가 떠나자 주위가 다 떠나고 그도 결국 사업을 접었다. 인연은 다시 이어지지 않았다. 풍문에 들으니, 인연의 사람이 어느 주유소에서 일하는 초라한 모습을 보았다 하므로 가슴 미어진다 했다.

양재봉은 사업을 했던 특별한 경험을 갖고 있는 문인이다. 글쓰기와는 괴리이나 격절된 영역인데 그는 글을 쓴다. 진실하게 살아왔다. 진실을 거짓과 확실하게 구별할 수 있는 기준은 결코 변하지 않는다는 믿음이 그에게 있다. 사람과 부대끼며 스스로 닦달해 사람 속에서 재생의 에너지를 되찾으려 했을까. 한 송이 꽃도 고통 없이는 피어날 수 없는 법이다. 글뿐 아니라 그는 서예에도 이미 경지에 이른 사람이다. '좋은 인연'을 지키지 못해 가슴 쓸어내리는 그는 선량하고 정 많은 심성을 타고난 진실한 휴머니스트다. 자신의 속울음을 심이心耳

로 듣는 사람이다.

시간은 가고 기억은 쌓인다. 잃어버린 시간의 기억이 추억이다. 그리움이다.

양재봉은 가난으로 학업을 중도에 포기했다가 방송통신고에 입학해서 대학까지 졸업했다. 방통고 시절 한 선생님과 '성적'에 얽힌 일화를 소재로 한 글이 심금에 닿아 미소 짓게 한다.

> "회장, 시험 잘 봤던데? 그런데 내 과목 수학은 '우'더라, 슬쩍 '수'로 올렸으니 다음에는 더 잘해. 이번에도 반 수석은 분명하고, 전체 성적도 기대가 된다. 지난번엔 2등 했었지?"
>
> 가슴이 덜컥 내려앉았다. 전체 1, 2등을 다투던 K와 S얼굴이 떠오르며 온몸에 힘을 빼앗아갔다. 내 입에서 사려 깊지 못한 말이 급히 튕겨 나갔다.
>
> "선생님, 싫습니다. 다시 '우'로 해주십시오. 다른 사람 피해를 주며 밟고 올라설 수는 없습니다. 부탁드립니다."
>
> 사태를 파악하고 "죄송합니다." 했더니, "알았다." 짧은 말씀 남기시고 전화를 끊으셨다. 이런 실수를 저지르고 선생님을 어떻게 뵐까, 몇 날을 고민했다. 아껴 주시는 마음을 그렇게 받아들인 제자를 용서하지 않으실 거라며 선생님 앞에 섰다.
>
> 선생님을 아무런 일도 없었다는 듯이 미소를 보여 주셨다.
>
> — 「성적」에서

'내 성적이 좋지 않은데.' 하고 순간적으로 의롭지 못한 일이라는 생각을 얻었을지 모른다. 그러나 그 일 뒤, 사제 간이 더욱 도타워진 걸까. 회장으로서 학생 출석을 독려하는 등 선생님을 돕는 일에 솔선해 학업 포기자가 줄어들면서 방통고 사상 역대 최고의 졸업생을 내는 성과를 이뤘다. 졸업 후 선생님 댁을 찾았더니, 그 이전의 '성적' 이야기를 꺼내는 게 아닌가.

"괘씸하기도 했고, 서운한 마음도 들었지. 그런데 진짜 바른 제자 하나 얻었다는 기쁨이 서운함을 뛰어넘더라. 오히려 기뻤어. 그런 보람을 느끼게 해줘서 고맙다."

그 선생님은 화자를 사람에게 소개할 때 '내가 존경하는 제자'라 했다는 것. 그 스승에 그 제자다. 두 사람 사이를 교육애의 강물이 흐른다. 훈훈하다. 수필은 과연 인간학이다. 화자는 '끝없는 스승님의 큰 사랑 앞에, 제자란 놈은 그 은혜에 보답한 '성적'이 '0'점이라 부끄럽다 토정한다.

양재봉은 장삼이사이나, 분명 보통 사람이 아니다. 그가 살아가는 생활 양태를 한 꺼풀만 살짝 벗기고 보면, 신념과 실천의 삶 속에 비범함을 감추고 있음이 여실해진다.

> 나는 애마 경운기로 돈을 벌기 시작했다. (중략) 샛별을 보면서 시작한 밭갈이는 저녁별을 보며 끝이 났지만 다섯 개의 밭을 갈면 하루에 2만 원이 손에 들어왔다. 탈곡을 하면 일 년 치 양식인 보리쌀이 생겼

다. 소꼴을 실어 주고, 거름도 운반해 주고, 과수원 조성할 때나 묘지 이장이 있을 때는 임대로 계약하여 돈을 받았다. 나와 경운기는 못하는 일이 없었다.

돈이 호주머니마다 들어 있고, 지나가다 책갈피에 넣어 둔 돈을 잊고 묻어 둘 정도였다. 비가 오는 한가로운 날, 책꽂이의 책을 털면 돈이 우수수 떨어졌다. 그렇게 번 돈으로 해마다 귤밭을 늘려나갔다. 수천만 원이던 빚도 다 갚았다. 늘 함께해 온 경운기가 도와준 결실이었다.
(중략)

오늘도 내 손길을 그리워하던 40세에 접어든 경운기가 덜덜거리며 땅을 판다. 어느 부분이 떨어지면 교체하는 대신 내 손으로 용접하여 사용하다 보니 덕지덕지 나이를 먹은 만큼 보기에도 흉하다. 다른 이들은 고물로 두 번도 더 처리했을 세월 동안 나와 함께 살아온 경운기.

— 「늙은 경운기」에서

뭣한 말로 40년, 19세에 사들인 경운기를 환갑에 이르도록 부리는 사람이 나라 안에 또 있을까. 놀랍다. 그의 경운기는 그에게 유다른 관계다. 젊은 시절 돈을 벌어 준 데다 그렇게 동고동락하면서 그 임자 나이 이제 환갑이다. 양재봉은 이런 결벽에 가까운 고집이 밴 채로 나이를 먹으며 오늘에 이른다.

밭을 갈던 경운기가 그만 멈춰 섰다. 냉각기가 낡아 조금씩 새는 물을 채우며 경운기를 쓰다듬고 있는 화자. 갈 수 있는 날까지 함께하자 다짐한다.

"경운기 할아범, 우리 힘내서 일 마무리합시다." 다시 시동을 걸었다 한다. '경운기 할아범'이란 호칭에 소극笑劇 한 컷을 보는 것 같아 웃음이 나온다. 작품을 천금 지위에 올려놓은 결말답다

양재봉에게는 개를 데리고 눈 덮인 설원을 함께 내달리며 노루 사냥에 나섰던 활극의 주인공 같은 경험이 있다. 이도 세월의 갈피 속에 재어 뒀다 꺼냈을 것이다.

> 눈밭을 헤매며 노루를 찾아다닌 지 한 시간쯤 되어 노루를 발견했다. 우리는 노루의 길목을 막아서고 덕구는 노루를 쫓기 시작했다. 나지막한 동산 위에서 노루가 도망갈 길목을 막아섰던 나는 사냥하는 모습을 한눈에 바라볼 수 있었다. (중략)
>
> 덕구가 영화에서나 봄 직한 장면으로 몸을 날리더니 노루의 목을 물고 늘어졌다. 선혈이 하얀 눈 위로 뿌려졌다. 고통스러운 몸부림을 칠 때마다 덕구의 몸이 휘둘렸지만 다문 입을 놓지 않는다. 재빨리 다가간 사냥꾼이 갈고리로 노루를 제압하고 숨통을 끊었다. 칼로 배를 가르더니 더운 김이 모락모락 나는 내장을 수고했다며 덕구에게 먹인다. (중략)
>
> 덕구는 바람둥이였다. 충성심이 높아 사람에게는 짖지도 않고 잘 따랐기에 묶어 놓지 않고 길렀다. 풍채가 좋고 힘도 좋아 어떤 수캐도 넘보지 못하고 꼬리를 내렸기에 어깨를 으쓱거리며 풀어 놓기도 했다. 마을 암캐들을 덕구가 거느렸다. 많은 암캐들이 찾아오고 암내를 맡고 덕구도 암캐를 찾아다녔다.
>
> — 「사냥개 덕구」에서

'덕구'는 예전 흔히 부르던 개 이름 '독구'의 변형이라 친숙하게 다가오더니, 갑자기 활동사진 속의 포식자로 변신한다. 겨울 눈밭에서 덕구와 노루가 쫓고 쫓기는 장면이 현장감 있게 펼쳐져 어지간히 눈맛을 댕긴다. 역동적이라 그의 언어에서 생고무 같은 팽팽한 탄력을 느낀다. 문장이 그만큼 묘사적이고 즉물적卽物的이다.

비운의 개, 녀석이 암캐에 빠져든 바람에 몹쓸 병에 걸려 종내는 팔아넘기고 말았다. 덕구의 늠름한 모습이 떠오를 때면 기분이 씁쓸하다고 한다. 양재봉은 지금도 해묵은 기억의 공간에 녀석을 묻고 있을 테다. 개는 가축 가운데서도 영물靈物이라 정이 들기도 했거니와, 이 대목에서 마음 여린 그의 인간적 속내를 엿보게 된다. 양재봉 수필에서 느끼는 인간적 맥박의 전개, 그의 수필의 진수로 매혹이다.

서예 지도 등 학교를 오가며 어린아이에게 쏟는 양재봉의 사랑과 정성은 각별하다. 스쳐 지나는 바람으로 머물지 않고, 자기의 아들처럼 딸처럼 살피고 품어 안는다.

> 그날도 아이들이 모두 집으로 돌아가고 서실에는 둘만 남았다. 서영이가 머뭇거리더니 소원이 있다고 한다. "한 번만 업어 주시면 안 돼요?" 말해 놓고 수줍어 고개를 숙인다.
>
> 번쩍 들어 책상에 올려놓고 업었다. 여덟 살, 아이는 무척 가벼웠다. 작은 손으로 내 어깨를 힘주어 꼭 붙들고 좋아하는 아이를 업고는 우리 딸 어릴 적에 업었던 기억을 떠올리며 아빠나 할아버지 몫을 해주려고

애썼다. 시간이 조금 흐르자 미안해서인지 선생님 무거울 것 같다며 내려달라고 한다. 이미 내 눈은 촉촉이 젖어 있었다. 엄마 아빠 정에 메마른 가엾은 아이다. 서영이를 업어 주는 것이 선생님도 좋으니 좀 더 있자며 눈물이 마른 후에야 내려놓았다.(중략)

오늘도 서예실로 들어오는 서영이가 아이들 눈치를 살핀다. 슬며시 내 손을 끌고 밖으로 나가 재빨리 사탕 하나를 내 입속으로 밀어 넣는다. 피아노 선생님이 주셨다는 사탕 한 알. 먹고 싶은 마음 꾹 참았을 것을 생각하니 코끝이 찡하다.

— 「기다리는 이별」에서

"슬퍼요, 슬퍼요. 서영이는 슬퍼요. 엄마가 보고 싶어 눈물이 나요." 작은 소녀가 칠판 앞에 서서 울고 있다. 교통사고를 당해 서울 병원에 입원해 있는 엄마, 아빠까지 간호하러 떠나면서 외숙모에게 맡겨진 아이. 어린 소녀를 가까이에서 보듬는 양재봉에게서 천사의 모습을 발견한다. 여덟 살 아이에게 그가 아빠로 비쳤을 법도 하다. 아이를 업어 주는 서예 선생님, 양재봉은 가슴 따뜻한 사람이다.

그 선생의 입안으로 사탕 한 알을 밀어넣는 손길의 의미를 생각게 한다. 동화 같은 글로 수필의 외연을 그만큼 넓혀 놓았다. 아이가 독백으로 열고 있는 글의 도입에서부터 언어가 긴장한다. 희곡적인 요소를 수필에 접목시키고 있다.

서울로 떠나갈지도 모를 아이, 걔가 머잖아 엄마 품에 안겨 행복해 하는 모습을 그려 보며, 서운하지만 어서 이별이 빨리 오기를 기다린다고 했다. 그래서 '기다리는 이별'인가. 이 경우, 역설처럼 큰 울림으로 오는 말도 없을 것이다.

양재봉은 사람이 세상을 읽는 보편적인 방식이 사랑임을 안다. 그는 자신에게 주어진 시간에 나가 서예지도나 하고 돌아서는 선생이 아니다. 수강하는 아이들에게 사분사분 다가가 훈김을 불어넣으며 훈육하는 특별한 선생이다. 아이들을 데리고 눈 속의 산딸기를 찾아 소풍을 떠난다.

> 길 가장자리에 무더기로 빨갛게 익은 앙증맞은 산딸기가 아이들에게 눈인사를 보내는 듯 살갑다.
>
> 가은이가 눈을 동그랗게 뜨고 바라보며 중얼거린다. '아빠가 선생님이 거짓말한 거라며 절대로 없다.'고 했는데….
>
> 가영이는 "여기가 우리 지구 맞아? 혹시 다른 별나라나 천국 온 거 아냐?" 하며 까만 눈을 반짝거린다.
>
> 수북하게 쌓인 눈을 밟으며 모두 조심스럽게 달려들었다. 너도나도 한 움큼 모아 입에다 털어 넣는다. 그리곤 눈을 감고 새콤하고 달콤한 맛에 빠진다. "우리 아빠가요. 겨울철에 무슨 산딸기가 있어? 정말 따온다면 양념통닭도 사 주겠다고 약속했어요. 앗싸, 오늘 통닭까지 먹게 되었네." 수정이는 먹기보다 부지런히 준비해 온 병에 산딸기를 집어넣는다.(중략)
>
> 정오가 가까워지자 배고플 아이들을 위한 요리를 시작했다.
>
> 주차장 옆에는 철 이르게 돋아난 달래가 조금씩 보였다.

보라색 갓나물은 지천으로 널려 있다. 라면 스프 대신 고추장으로 간을 하고 달래와 갓나물도 씻어 넣었다. 압력밥솥이므로 찬물에 라면을 바로 넣어 끓여야 한다.

아이들이 배가 고픈지 김이 나기 시작하자 허리를 굽혀 코를 벌름거린다.

— 「겨울 산딸기」에서

교실을 떠나 아이들을 데리고 아무나 소풍을 갈까. 더욱이 눈 오는 날 산딸기를 찾아 서다. 한 편의 겨울동화 같다. 악덕 사업가들 틈에서 경쟁하고, 경운기로 박토를 갈아엎고, 미생물 연구에 몰입하는 양재봉에게 이런 따뜻한 감성이 있다니 그냥 간과할 일이 아니다. 자그마치 그의 문학의 텃밭을 이루는 소중한 토양이기 때문이다. 그는 성실하고 그런 만큼 치열하다. 그의 삶 어느 구석에 이런 느긋한 여유로움이 자리하는 것일까. 알 수 없는 일이라 그러려니 할 뿐이다. 사람과 사람 사이에 마음의 소리를 들어줄 수 있는 관계가 된다는 것처럼 인간다운 아름다움은 없다.

그의 아포리즘과 5매 수필은 낯선 장르를 실험하면서, 그의 수필이 현저히 진화하고 있음을 보여 주는 것이라 신선하게 다가왔다.

① 며칠 전이다. B가 술 한잔하자며 아들을 찾아왔다. 아내는 우리 아들 친구니 네도 내 아들이다. 한번 안아 보자며 안아 주었다고 한다.

술 많이 먹지 말고, 집에서 먹으면 준비해 줄 터이니 다음부터는 밖에서 먹지 말라며 보냈다.

아들이 나갔다가 돌아와 하는 말, 친구가 엄마에게 감동했다는 말을 자주 하더라고 했다. 그 안아 준 값이 떡이 되어 돌아왔다.

— 「떡」에서

② 앞서 걸어가는 노인의 뒷모습을 바라본다. 빈 페트병마다 물이 가득하다. 무거울 성싶은데 그는 가벼운 몸놀림으로 노래를 부르고 있었다. 차를 멈추고 바라보았다. 근심이라고는 하나 없는 얼굴. 내가 보고 있음을 아는데 의식도 안한다. 어깨를 으쓱거리고 두 걸음 나가가고 한 걸음 뒤로 물리며 알 수 없는 노래를 부르고 있다. 무엇이 그리 흥겨울까. (중략) 밭담을 넘어 산소가 있는 곳으로 걸어간다. 산소 옆 구석에는 작은 움막 같은 것이 보였다.

석양이 붉게 물들고 있었다. 부산하게 움직이더니 연기가 피어오른다. 저녁 준비를 하나 보다. 끼니를 해결할 낟알과 물을 얻었다면 걸인에게 그보다 더한 행복이 있을까.

— 「페트병 할아버지」에서

아포리즘적 수필은 수필에서 비교적 짧은 호흡의 글이다. 사물의 핵심이나 이치를 표현해야 하는 제약 때문에 화자의 숨이 가팔라야 하는 호된 부담을 짊어져야 한다. 단적으로 요약, 압축 그리고 암시와 여운의 극대화가 선행돼야 함은 물론이다. 얼개 자체가 단순화로 가려는 것이다. 산만한 문장의 여유나 구성의 유연성도 '짧게'라는 하나의 핀트에 맞출 수밖에 없으니 작가의 행보가 숨 가쁘다. 많이 쓰면서 내공을 들이면 쓰는 기쁨도 배가된다.

양재봉의 작품 중 ①과 ②, 두 편의 단형수필에 주목했는데, 화자 자신 긴장하고 있음을 전후 문장의 흐름에서 진맥할 수 있었다. ①에서는 아들 친구의 입을 통해 말한 '감동'이라는 함축적인 말로, ②에서는 '행복'이라는 키워드로 주제를 농축함으로써 '짧은 수필'의 가능성을 활짝 열어 놓았다. 글은 고심하고 연마하면 빛난다.

3.

양재봉의 수필 세계를 살피면서, 소재의 다양성 또 그런 소재들 거개가 자신의 직접 체험에서 발효한 것이라는 데 놀랐다. 이 점, 양재봉의 수필의 정곡으로 대단히 중요하다. 매거할 수 없을 정도로 다양한 역정 속에 변신을 거듭해 온 그다. 그야말로 양재봉, 천의 얼굴이다. 그의 수필들이 신선미를 띠고 유의有意할 수밖에 없다. 이웃의 얘기로 또는 인간 승리의 드라마처럼 친숙하게 다가오는 연유이기도 하다.

나는 오늘의 수필이 일부 평론이 지나치게 정치精緻한 이론의 압박에서 고상한 품격만을 고집하는 데 회의적 시각을 갖는 사람이다. 난해하면 독자가 수필을 버린다. 독자보다 수필가가 많다는 비난에서 벗어나야 할 과제를 우리는 안고 있다.

양재봉의 수필은 정격을 고집하면서도 쉬이 공명하게 하는 마력을 지닌다. 그가 수필에 몰두하고 있어 문학적 공감대 확산에 나름 몫을 할 것을 기대한다. 글은 독자의 몫이고 또 독자가 완성한다는 순리를 터득한 작가라는 얘기다.

그의 작품을 뒤적이다 깜짝 놀랐다. 등단하기(2013) 40년 전, 약관을 전후해 이미 습작들을 내놓고 있었다. 뒤척였던 그의 인생 이력과 포갤 때, 어떻게 그 어려운 상황에서 글까지 썼는지 놀랍기도 하나 그것은 그의 작품을 대하면서 자연 해소되는 의문이었다. 재능이 있었고 그 위에 감성과의 조화로운 혼효混淆가 가능케 했을 것을 알아챘기 때문이다.

양재봉은 다작하는 작가다. 짐작건대 그의 곳간에는 많은 글들이 낟가리처럼 쌓여 있을 것이다. 수필에 목말라, 안 쓰고는 못 배기므로 그는 줄곧 쓴다.

끝으로 그에게 주문하고 싶은 바를, 에드문트 후설의 말로 대신하려 한다. "절대적인 것이 없는 이 세상에서 능동적인 힘으로 자신을 더 높은 수준에 끌어올리기 위한 성숙한 변신을 이룩하지 못하면 죽은 자나 다름없다." 상상력에 불을 붙이는 지적 노력이 보다 높은 예술적 성취를 거둘 수 있다 함이다. 상상의 작동으로 사물의 본질 속으로 들어갔으면 한다.

쟁깃날 보습은 쉽게 무뎌진다. 밭을 일구려면 흙을 털고 반들반들하게 닦아야 한다. 초심을 잃지 말고 대표작 한 편 남긴다는 일념으로 각고면려했으면 한다. 그럴진대 머잖아 그의 수필에서 문자향이 진동할 것이다.

첫 수필집 출판이 양재봉 문학의 발현에 획기적 계기가 될 것이라 믿는다. 글쓰기는 삶을 완성하는 일이다.

건필하기 바란다.

양재봉 수필집
겨울 산딸기

인쇄 2017년 7월 20일
발행 2017년 7월 25일

지은이 양재봉
발행인 서정환
펴낸곳 수필과비평사
주소 서울시 종로구 삼일대로 32길 36(익선동 30-6 운현신화타워 빌딩) 305호
전화 (02) 3675-3885, (063) 275-4000 · 0484
팩스 (063) 274-3131
이메일 sina321@hanmail.net essay321@hanmail.net
출판등록 제300-2013-133호
인쇄 · 제본 신아출판사

ISBN 979-11-5933-092-6 03810

값 13,000원

이 도서의 국립중앙도서관 출판예정도서목록(CIP)은 서지정보유통지원시스템 홈페이지(http://seoji.nl.go.kr)와 국가자료공동목록시스템(http://www.nl.go.kr/kolisnet)에서 이용하실 수 있습니다.(CIP제어번호: CIP2017017678)

Printed in KOREA

Jeju 제주특별자치도 JFAC 제주문화예술재단의 지원금을 받아 제작하였습니다.